무대감독
어떻게
되었을까
?

꿈을 이룬 사람들의 생생한 직업 이야기 14편
무대감독 어떻게 되었을까?

1판 1쇄 찍음 2017년 11월 15일
1판 4쇄 펴냄 2022년 09월 29일

펴낸곳	㈜캠퍼스멘토
저자	조윤지
책임 편집	이동준 · 북커북
연구 · 기획	오승훈 · 이사라 · 박민아 · 국희진 · 김이삭 · 윤혜원 · ㈜모야컴퍼니
디자인	㈜엔투디
마케팅	윤영재 · 이동준 · 신숙진 · 김지수 · 김수아 · 김연정 · 박제형
교육운영	문태준 · 이동훈 · 박홍수 · 조용근 · 황예인
관리	김동욱 · 지재우 · 임철규 · 최영혜 · 이석기
발행인	안광배

주소	서울시 서초구 강남대로 557 (잠원동, 성한빌딩) 9층 (주)캠퍼스멘토
출판등록	제 2012-000207
구입문의	(02) 333-5966
팩스	(02) 3785-0901
홈페이지	http://www.campusmentor.org

ISBN 978-89-97826-18-6 (43680)

현직
무대감독들을
통해 알아보는
리얼 직업
이야기

무대감독 어떻게

되었을까?

How to become a Stage manager?

CampusMentor
캠퍼스멘토

"
도움을 주신
무대감독들을
소개합니다
"

서울예술단 기술감독
최정원

- 현) 서울예술단 기술감독
- 현) 서경대학교 공연예술학부 겸임교수
- 현) C-dance 서울 국제 무용제 기술감독 10년 차
- 현) 프리랜서 무대감독 20년 차
- 공과계열 대학
- 외국어고등학교 졸업

매니지먼트 숨SMM 대표
박말순

- 현) 매니지먼트 숨SMM 대표
- 현) 대학로 자유극장 극장장
- 전) 프리랜서 무대감독
- 전) 세종문화회관 조명파트 근무
- 상명대학교 연극학과 졸업
- NCS 무대감독 분야 집필

보령문화예술회관 무대감독
권용삼

- 현) 보령문화예술회관 무대/기계감독
- 전) 한국소리문화의전당 무대감독
- 전) 극장 무대 진행 아르바이트
- 국악과 타악전공

CJ E&M Art Creation팀 무대감독
우세균

- 현) CJ E&M 미디어 Art Creation 팀 차장
- 전) 프리랜서 무대감독
- 전) 조명감독
- 전) 방송 스태프 아르바이트
- 자동차과 전공

프리랜서 무대감독
장희용

- 현) 프리랜서 무대감독
- 전) 무대 스태프
- 무대감독 전공
- 경제학과 전공

이 책의 구성

Chapter 2

무대감독의 생생 경험담

Chapter 3

예비 무대감독 아카데미

CHAPTER

| 1 |

무대감독,

어떻게 되었을까

?

무대감독이란?

무대감독은

다양한 장르의 공연예술 작품을 제작 의도에 맞게 공연하기 위해 출연진 및 스태프와 조율(협의, 조정, 분배)하여 제작 회의, 연습 및 일정 수립, 공연 준비 및 리허설, 공연 등을 진행, 관리(Management)하는 사람이다.

무대감독은 무대 연출에 필요한 촬영, 무대장치, 편집 등의 기술적인 업무를 계획하고 지도·조정한다. 작품의 예술성을 살리기 위한 무대장치, 조명, 의상 및 음향 종사자 등의 역할과 활동을 결정하며 출연 배우들이 적절한 시기에 등장하도록 연락하고 조정한다. 돌발적으로 발생할 수 있는 무대 위 안전사고에 대해 점검하고, 미리 방지한다. 공연이 완료되면 무대 종사자들을 지휘하여 모든 물품을 정리 보관한다.

무대감독의 분류

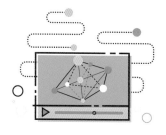

무대감독은 환경에 따라 여러 가지 특징을 달리한다. 유형별로 제작사에 소속하여 단위 프로젝트를 진행하는 무대감독, 공연장 소속으로 전속단체 등이 있는 경우 등이 있다.

무대감독(stage manager)

 프로덕션 소속 무대감독의 위상과 직무는 단위 공연프로젝트마다 다르게 구성되며 단위 공연관리자, 요구분석을 통한 문제해결자 등의 역할을 하는 사람이다. '공연 등에 참여하는 다양한 주체들과 작업 범위, 일정, 자원 등의 요소를 균형 있게 사용하여 각 상호관계를 순서에 따라 과정을 계획하고 진행하며, 진행결과를 점검함으로써 예술적 표현을 성공적으로 관리하는 업무를 수행하는 관리자'로 정의한다. 복합적이고 제한된 조건을 가진 공연 및 행사의 다양한 요구사항을 해결하는 관리자이다.

공연장 무대감독(Theater Stage Manager)

 공연장에 소속하여 무대감독이란 직무명칭을 가지고 무대 매니지먼트(Stage Management)를 하는 사람으로서 '공연장 소속으로 무대 환경을 조성하고 공연 및 행사에서 제작관련자와 연출의도에 맞게 스태프 회의, 공연 준비 및 리허설, 공연 진행 등에 대해 조율, 조정, 배분에 관한 협의를 하여 운영하는 관리자'로 정의할 수 있다. 공연장에 소속되어 제작무대감독과 파트너로서 공연을 통해 예술적 성격을 효과적으로 표현하도록 극장 측면 모든 자원을 조정하여 문제를 해결함으로써 성공적인 결과를 안내하는 역할을 하는 것이다. 대체적인 공연제작 개념의 무대감독은 총괄적 직무 특성에 기인한 권한과 책임영역을 보유하시만, 공연장 무대감독은 이용자와 서비스제공사라는 전제를 기반으로 한 각 파트와 상호존중의 수평적 관계이다.

*출처: [최승종, 『공연장 무대감독의 직무역량에 관한 연구 : 문예회관 소속 무대감독의 역량체계 중요도 분석을 중심으로』, 단국대학교, 2015, 15p]

톡(Talk)!
최정원

무대감독은 모든 정보가 모이는 커뮤니케이션 센터 즉, 소통의 중심이에요. 예를 들어, 무대를 아름답게 만드는 역할을 하는 무대디자이너가 무대를 노란색을 사용해 꾸미고 싶을 때, 저는 연출과 무대 디자이너의 미팅을 조율하거나 서로의 의도를 전달하는 역할을 합니다. 연출가가 공연을 통해 전달하려는 내용과 노란색 무대는 연관성이 있어야 하니까요. 이처럼, 한 공연을 위한 각 분야의 준비 과정 중간에서 협의와 제어를 담당하며, 각 분야가 맡은 부분에만 집중할 수 있도록 돕는 것이 무대감독의 역할이에요.

톡(Talk)!
박말순

무대감독과 연출가를 헷갈리는 친구들도 있을 거예요. 연출가는 텍스트의 내용을 어떻게 구현하고자 하는지 구상하고, 이 이미지와 메시지를 디자이너와 배우를 통해서 공연화하는 사람입니다. 무대감독은 연출가가 그려내고자 하는 작품을 공연 시간 동안 안전하고 효율적으로 만들기 위해서 고민하고, 모든 과정을 진행하는 사람이지요. 연출가가 의도한 메시지와 구성을 함께 공연을 만드는 이들에게 잘 전달하는 것이 중요합니다.

콘서트나 축제의 경우는 큐*를 만들고, 무대 효과를 쓰고, 영상 구성 연출을 하는 등 연출과 무대감독의 역할이 겹치면 그 역할을 한 사람이 하는 경우도 많아요. 규모가 작은 연극이나 프로덕션의 공연도 연출과 무대감독의 역할을 겸한답니다. 하지만 규모가 있는 뮤지컬은 역할이 확실히 나뉩니다. 연출가 밑에 조연출이 2~3명이나 되고, 무대감독을 돕는 조감독도 여러 명이에요. 그 많은 분야의 일을 정확하게 분업화하고, 각자 자리에서 잘 이행해서 공연이 문제없이 진행되도록 조율하고 조정하는 게 무대감독의 역할입니다.

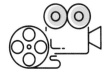

잠깐!) '큐(cue)'란 무엇인가요?

영상 제작, 혹은 공연에서 출연자나 제작진에게 연기나 행동 혹은 카메라 카메라 작동, 조명 효과, 음향 효과 등을 시작하게 하거나 멈추고자 할 때 행하는 신호. 출연자에게 큐를 줄 때는 타이밍을 정확하게 맞추어야 하며 출연자가 큐에 반응하는 시간도 고려해야만 자연스러운 동작 혹은 멘트가 연출된다. 큐가 빠르면 다음 화면이 시작되기 전에 출연자가 먼저 동작이나 멘트를 하게 되며, 큐가 너무 느리면 출연자 행동이 시작되기 전 큐를 기다리는 듯한 어색한 부분이 보이게 되어 NG를 초래한다. 또 큐가 잘못 전달 되었을 때 기계와 사람의 움직임이 혼선되어 큰 사고를 초래 할 수 있어, 사전에 정확한 큐의 구성이 필요하다.

무대감독이 하는 일

무대감독은 공연 대본을 분석하여 작품의 흐름 및 분위기, 시간과 공연극장의 안전사항에 대하여 검토한다. 무대장치, 조명, 음향, 진행 등 무대 관련 종사원들과 협의하여 진행 상황을 확인하고 작업 일정을 조정한다. 관련 종사원들의 활동을 감독하고 무대설치, 스크린 설치 등을 지시한다. 공연 시 무대전환을 위해 대본(큐시트)을 확인한다. 장면 전환 시 무대전환 및 무대 기계 조정원에게 신호를 보내 무대 전환을 지시한다. 공연이 끝나면 무대의 철거를 지시하고 감독한다.

- 무대감독 팀의 구성원들에게 역할을 분담하고 무대감독 팀에 대한 모든 책임을 진다.
- 오디션의 전반적인 진행을 담당한다.
- 무대표시(Marking), 연습 소품, 연습 무대 구축을 통해 연습공간에서 배우들이 실제 공연장에서처럼 연습할 수 있도록 돕는다.
- 각 분야의 진행 상황을 필요한 모든 분야에 전달하여 제작과정을 원활하게 유지한다.
- 연습실 환경 및 시설의 안전에 대한 책임을 진다.
- 무대 감독팀에 배분된 예산을 관리한다
- 연출, 제작감독, 부 무대감독과 협의하여 기술연습(Technical Rehearsal)을 진행한다.
- 공연 시 공연의 각 분야의 안전에 대한 책임을 진다.
- 연습 또는 공연과정에서 사용했던 소품과 도구들의 반환에 책임을 진다.

<공연 제작팀의 의사소통 체계도>

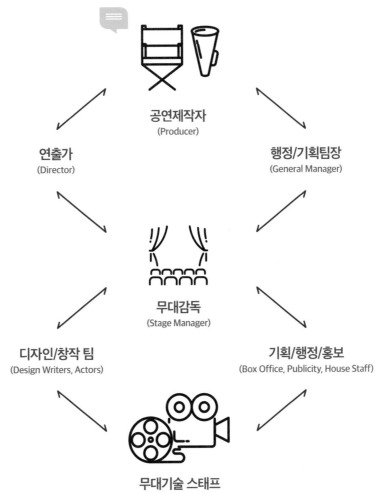

공연제작자
(Producer)

연출가
(Director)

행정/기획팀장
(General Manager)

무대감독
(Stage Manager)

디자인/창작 팀
(Design Writers, Actors)

기획/행정/홍보
(Box Office, Publicity, House Staff)

무대기술 스태프
(각 제작팀 / 셋업 및 공연 진행 스태프 / 무대조감독)

*출처: 한국고용정보원 워크넷
　　　김종우, 정대교 공저, [무대감독-STAGE MANAGEMENT], 중앙대학교 출판부, 2006

무대감독의 자격 요건

- 무대감독은 어떤 특성을 가진 사람들에게 적합할까?

• 미적 감각, 인테리어 감각, 공간 지각력 등이 필요하며 무대 종사자들을 총괄하여 지휘할 수 있는 통솔력과 리더십이 요구된다.
• 돌발적으로 발생할 수 있는 무대 위의 안전 문제에 대해 빠르고 신속하게 대응할 수 있는 대처 능력과 정확한 판단력이 요구된다.
• 감독, 스태프, 출연자 등 많은 사람을 대하기 때문에 원만한 대인관계능력과 의사소통능력이 요구된다.

*출처: 한국직업능력개발원 커리어넷

무대감독과 관련된 특성

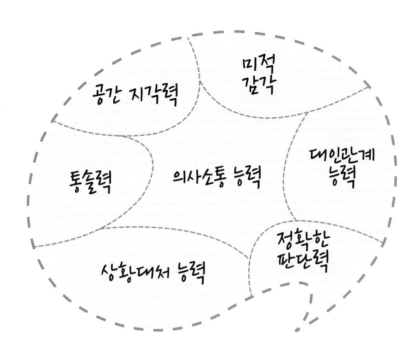

공간 지각력

미적 감각

대인관계 능력

통솔력

의사소통 능력

상황대처 능력

정확한 판단력

다양한 상상을 하고,
사람을 가장 중요하게 생각해야 합니다.

만약의 상황을 상상하면서 '이런 상황이 발생한다면 어떻게 대처해야 할까?'라는 고민을 많이 해야 합니다. 상상해보았던 상황이 현장에서 일어나 대처했을 때 그 사람의 가치는 한층 더 올라가거든요. 많이 상상하는 사람은 좋은 무대감독이 될 수 있다고 생각해요.

그리고 침착함입니다. 모두가 당황할 때 같이 우왕좌왕하지 않고 가장 침착하게 판단을 해야 합니다. 하지만, 반대로 모두가 침착할 때 항상 긴장해야 하는 사람도 무대감독이죠.

배려 역시 중요합니다. 무대감독은 기계로 모든 걸 한다고 오해할 수 있지만, 이 일은 굉장히 아날로그적인 업무예요. 요즘은 기술이 발전해 100층짜리 건물도 뚝딱 짓는 시대이지만, 공연과 무대는 합판을 조립하고 밀고 당기기도하는 등 여전히 사람의 손이 필요한 일입니다. 그렇기 때문에 사람이 가장 중요한 직업입니다. 사람으로 시작해 사람으로 끝난다고 볼 수 있거든요.

명확한 기준을 미리 세워두어야 합니다.

스스로 기준을 미리 잡아 놓는 것이 가장 중요하다고 생각해요. 갈등이 생겼을 때 무대감독이 조정 가능한 범위에 대한 기준이 없으면 모두가 흔들리게 됩니다. 기준을 잡으려면 모든 과정에 대한 이해와 충분한 공부가 필요하겠죠. 정확한 지식과 근거를 바탕으로 기준을 잡을 때 모두에게 신뢰성 있는 대안을 제안할 수 있습니다. 여러 사람을 설득하기 위해서는 타당성이 있어야 그 마음을 움직일 수 있어요. 예를 들면, "쓰레기를 버리는 행동은 잘못된 행동입니다. 버리지 마세요."보다는 왜 안되는지, 어떤 점이 잘못됐는지 이해하도록 할 때 그 사람의 마음에 각인이 되고, 그 행동을 다시 반복하지 않겠죠.

인내심을 가지고 소통해야 해요.

무대감독은 혼자 고민하는 시간도 많지만, 커뮤니케이션을 해야 하는 상황이 많기 때문에 사람과의 관계에서도 인내심이 필요해요. 그리고, 말을 잘해야 합니다. 말을 빨리하거나 멋있게 포장해야 한다는 뜻이 아니라, 의견 조율에 능통해야 한다는 뜻이에요. 이렇게 소통에 능한 사람이라면 더욱더 즐거운 직업입니다.

책임감과 카리스마가 중요하죠.

　무대감독 한 명에 의해 스태프들이 움직이고, 프로그램이 좌지우지 됩니다. 따라서 책임감과 카리스마가 필요하죠. 위낙 많은 사람과 다양한 팀과 일을 해야 하니, 대화를 잘 이끌어가는 능력이 있어야 해요. 정서적인 교감도 중요하겠죠. 사람들 사이에서 중간 책임자 역할을 잘 해야 하는 직업이니까요.

건강한 몸이 필수인 직업이에요.

　무대감독을 하고자 하는 사람은 무엇보다 먼저 건강해야 합니다. 몸으로 뛰는 일이 많기도 하지만, 엄청난 정신력이 있어야 하는 일이거든요. 공연을 준비하면서, 압박감과 긴장감이 짧은 기간에 강하게 다가옵니다. 그때 견딜 수 있는 마음을 가지려면 몸이 항상 건강해야 해요. 건강이 받쳐주지 않으면 마음도 따라갈 수 없거든요. 그리고 공연은 언제나 라이브이기 때문에 돌발 상황이 매우 많습니다. 이런 돌발 상황에 당황하지 않도록 빠른 판단력을 길러야 해요.

내가 생각하고 있는 무대감독의
자격 요건을 적어 보세요!

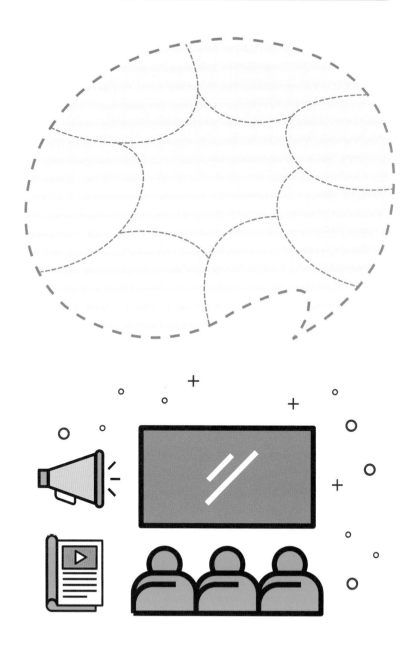

무대감독이 되는 과정

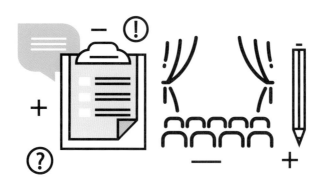

 진학

■ 무대감독이 되기 위한 학력이나 전공의 제한은 없지만, 전문대학이나 대학교의 무용, 연
극영화, 미술 등이 관련 학과를 졸업하는 것이 유리하다.

2 **직업 훈련**

■ 무대감독이 되는 가장 일반적인 경우가 직업 훈련이다. 아르바이트, 무대 크루 등 무대
연출자의 보조로 시작하여 무대감독이 되기 위한 교육과 훈련을 통해 무대감독이 된다.

3 **공채**

■ 한국문화예술위원회와 같은 문화 예술 관련 홈페이지나 각 극장, 방송사의 홈페이지의 채
용페이지에서 무대감독 채용 공고를 통해 채용된다.

＊무대감독만을 위한 정식 자격증은 없으나, 무대기계, 무대조명, 무대음향 분야의 무대예술전문인 국가자격제가 도입되었다.
해당분야 실무경력이 없거나 2007년 1월 1일 이후 해당 분야 종사자를 대상으로, 1급부터 3급에 응시할 수 있다.

자격증 취득 과정

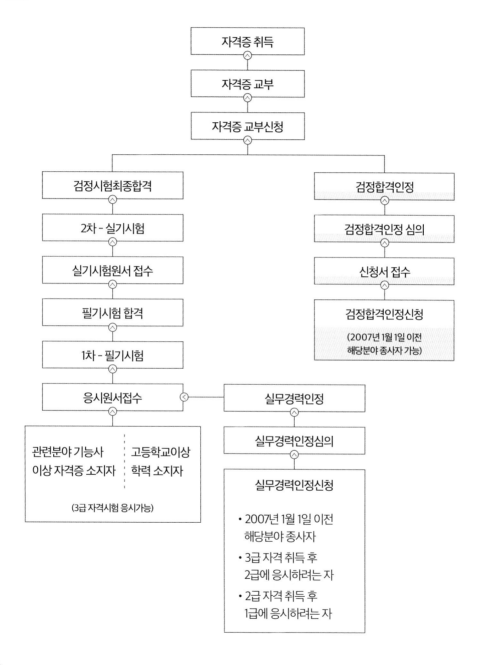

무대예술전문인 자격검정의 등급별 응시기준

* 대상자 : 해당분야 실무경력이 없거나 2007년 1월 1일 이후 해당분야 종사자 해당

구분	응시기준
1급	1. 해당분야 **2급 자격을 취득한 후** 검정기관이 인정하는 해당분야 실무경력이 **3년 이상**인자 2. 「국가기술자격법」에 의한 기계/전기/전자/건축/안전관리/통신 직무분야의 **기사 이상** 자격증 소지자로서, 해당분야 2급 자격을 취득한 후 검정기관이 인정하는 해당분야 실무경력이 **2년 이상**인자
2급	1. 해당분야 **3급 자격을 취득한 후** 검정기관이 인정하는 해당분야 실무경력이 **2년 이상**인자 2. 「국가기술자격법」에 의한 기계/전기/전자/건축/안전관리/통신 직무분야의 **산업기사 이상** 자격증 소지자로서, 해당분야 2급 자격을 취득한 후 검정기관이 인정하는 해당분야 실무경력이 **1년 이상**인자
3급	1. 「초/중등교육법」에 따른 고등학교 졸업자 또는 졸업예정자 2. 검정기관이 인정하는 해당분야 실무경력이 **1년 이상**인자 3. 「국가기술자격법」에 따른 기계/전기/전자/건축/안전관리/통신 직무분야의 **기능사 이상** 자격증 소지자

 시험과목 및 합격결정 기준

1차 필기시험 (공통과목/전공과목)

구분		공통과목			전공과목		
		시험과목	배점	과락	시험과목	배점	과락
무대기계 전문인	1급	공연장안전 및 관련법규, 무대기술일반	20	8	무대기계 Ⅰ,Ⅱ,Ⅲ	80	32
	2급	공연장안전 및 관련법규, 무대기술일반	30	12	무대기계 Ⅰ,Ⅱ	70	28
	3급	공연장안전 및 관련법규, 무대기술일반	40	16	무대기계 Ⅰ	60	24
무대조명 전문인	1급	공연장안전 및 관련법규, 무대기술일반	20	8	무대조명 Ⅰ,Ⅱ,Ⅲ	80	32
	2급	공연장안전 및 관련법규, 무대기술일반	30	12	무대조명 Ⅰ,Ⅱ	70	28
	3급	공연장안전 및 관련법규, 무대기술일반	40	16	무대조명 Ⅰ	60	24
무대음향 전문인	1급	공연장안전 및 관련법규, 무대기술일반	20	8	무대음향 Ⅰ,Ⅱ,Ⅲ	80	32
	2급	공연장안전 및 관련법규, 무대기술일반	30	12	무대음향 Ⅰ,Ⅱ	70	28
	3급	공연장안전 및 관련법규, 무대기술일반	40	16	무대음향 Ⅰ	60	24

2차 실기시험

자격증류	자격등급	시험과목	배점	합격 설정 기준
무대기계 전문인	1급	무대기계 Ⅰ,Ⅱ,Ⅲ	100	
	2급	무대기계 Ⅰ,Ⅱ	100	60
	3급	무대기계 Ⅰ	100	
무대조명 전문인	1급	무대조명 Ⅰ,Ⅱ,Ⅲ	100	
	2급	무대조명 Ⅰ,Ⅱ	100	60
	3급	무대조명 Ⅰ	100	
무대음향 전문인	1급	무대음향 Ⅰ,Ⅱ,Ⅲ	100	
	2급	무대음향 Ⅰ,Ⅱ	100	60
	3급	무대음향 Ⅰ	100	

무대감독의 좋은 점·힘든 점

| 좋은 점 |

스스로 인생을 계획한다는 생각이 들어요.

무대감독만큼 자유롭게 일정을 정할 수 있는 직업은 없을 것 같아요. 스스로 인생을 계획하고 진행하기 때문에 성취도가 높습니다. 업무 스트레스 또한 꾸준히 계속되기보다는 순간적이기 때문에 빨리 회복하고 다시 나아갈 수 있다는 점이 좋아요. 또한, 그 자리에서 박수로 결과에 대한 좋은 피드백을 체감할 때 희열과 만족을 느끼죠.

| 좋은 점 |

보이지 않는 희열이 있어요.

이미 만들어진 공연을 보는 것도 물론 좋지만, 보이는 모습뿐만 아니라 공연이 만들어지기까지의 모든 과정, 작품의 보이지 않는 부분을 다 알고 있기 때문에 모든 것이 남다르게 느껴져요. 보이지 않는 희열이 있죠. 또한, 하루 패턴이 비슷한 일반 직장인과는 달리 스케줄이 유동적이기 때문에, 그 시간을 잘 활용하면 자기계발이나 여가를 즐길 수 있어요. 오후에 일정이 있는 날에는 아침 일찍 일어나 운동을 하거나 책을 본답니다.

톡(Talk)! 권용삼

| 좋은 점 |

공연이 끝났을 때 성취감은 이루 말할 수 없죠.

무대의 모든 장면, 모든 요소가 무대감독의 큐 하나에 오르내려요. 모든 것들이 모래알처럼 흩어져 있다가 큐 하나에 모이고, 다시 흩어지고, 움직이죠. 공연이 잘 끝났을 때 큰 성취감을 느낍니다. 아무래도 화려한 공연을 만드는 직업이다 보니 사람들이 멋있다고 봐주는 것도 장점이 될지 모르겠네요. 연예인을 많이 보니까 부럽다고 하는 이들도 있는데, 일하는 입장에서는 크게 의식하진 않아요. 하하.

톡(Talk)! 우세균

| 좋은 점 |

객석의 열기를 볼 때마다 온몸에 소름이 돋아요.

공연이 진행될 때 콘솔(각종 시스템에서 주요 본체가 되는 기기)은 주로 공연장 맨 뒤의 중앙에 위치하는데, 바로 제가 있는 곳입니다. 이때 뒤에서 객석의 열기를 보면 온몸에 소름이 돋아요. 계속 일을 즐길 수 있는 원동력이죠. 10억 명이 보는 콘텐츠를 만드는 큰 프로젝트 같은 경우, 그 감동도 배가 됩니다. 역동적인 생활을 원하는 사람이라면 충분히 매력을 느낄 수 있는 직업이에요.

톡(Talk)!
장희용

| 좋은 점 |

새로운 장소와 새로운 사람을 많이
만날 수 있어요.

　투어 공연을 많이 하다 보니 항상 여행을 다니는 느낌이에요. 낯선 곳에 몇 달 머물 때는 새로운 곳에서 살아보는 느낌이 들어서 그 또한 매력적입니다. 사람도 어마어마하게 많이 만나요. 그러다 보면 책에서 배울 수 없는 이야기와 지식을 다양한 사람을 통해 직접 듣고, 배울 수 있어요.

톡(Talk)!
최정원

| 힘든 점 |

최고의 공연을 위한 심리적 압박이 커요.

　공연은 한순간에 모든 것이 달려 있기 때문에, 완벽한 공연을 관객에게 선보이기 전까지 심리적 압박이 굉장합니다. 집중력 또한 필요하고요. 반면 일 년 내내 공연을 하진 않기 때문에, 여유 시간이 많은 것이 이따금 직업적 불안감으로 다가오기도 합니다.

| 힘든 점 |

공연 기간에 일하는 시간이 많습니다.

　무대감독은 공연이 준비되는 모든 과정에 있어야 해요. 아무리 작은 파트도 결국에는 공연을 위해 꼭 필요한 요소이기 때문이죠. 모든 요소를 다 파악해야 해서, 연습 기간에도 연습실에 항상 먼저 나와, 연습이 끝난 후 정리와 기록까지 해야 하니 가장 늦게 나가야 합니다. 동시에 본 무대를 위한 준비도 시작해야 하죠. 공연 기간에는 휴식도 별로 없어요. 극장안에 있을 수 있는 한정된 시간 안에 많은 것을 하려면 시간이 부족하거든요.

| 힘든 점 |

햇빛을 보기가 힘들어요.

　공연장은 외부 빛이 들어오면 안 되기 때문에 자연광이 들어올 수 있는 곳은 모두 차단되어 있어요. 쉬는 시간마다 나가서 햇빛을 보려고 노력하지만, 그 시간은 아주 잠깐이죠.

| 힘든 점 |

무대감독이 책임져야 하는 일이 많아요.

영상 팀, 조명 팀에서 발생하는 일부터 무대 구조물과 관련한 사고까지 모든 일은 무대감독의 책임입니다. 때로는 이런 점이 무척이나 힘들죠. 무대감독이 되고자 한다면 큰 책임에 대한 부담감을 견딜 수 있어야 합니다.

| 힘든 점 |

공연과 투어가 개인 시간보다 무조건 우선이죠.

투어 공연으로 돌아다니는 점이 때로는 단점일 수 있어요. 예를 들면, 제일 친한 친구의 결혼식에 참석하지 못하거나, 보고 싶은 사람을 바로 못 보는 등 여러 아쉬운 상황이 있죠. 제때 밥을 잘 못 먹어 식습관이 불규칙 해지는 것도 단점입니다. 공연일에 연기자들이 식사하는 동안, 다음 무대를 위해 무대를 정비하는 경우가 많거든요. 개인적으로는 긴장을 놓지 않으려다 보니 공연 당일에는 밥을 잘 안 먹는 편이에요.

무대감독 종사 현황

성별

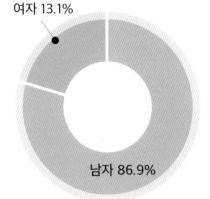

여자 13.1%

남자 86.9%

출처 : 2011-2012 Job Map

평균 연령

 35.8세

평균 학력

 15.5년

평균 계속 근로 연수

 6.4년

평균 연봉

 월 평균 수입 320만 원, 연 3000만 원 이상

무대감독의

생생
경험담

미리 보는 무대감독들의 커리어패스

최정원 　외국어고등학교 졸업 > 공과계열 대학 졸업 > 무대 스태프 아르바이트

박말순 　상명대학교 연극학과 졸업 > 한국예술종합학교 연극원 극장경영과정 전문사 졸업

권용삼 　국악과 타악전공 > 극장 무대진행 아르바이트

우세균 　자동차과 전공 > 방송 스태프 아르바이트

장희용 　경제학과 전공 > 무대감독 전공

프리랜서
무대감독 〉 C-dance 서울
국제 무용제 기술감독 〉 현) 서울예술단 기술감독 및
서경대학교 공연예술학부 겸임교수

세종문화회관
조명파트 근무 〉 현) 매니지먼트 숨SMM 대표,
대학로 자유극장 극장장

한국소리문화의전당 무대감독 〉 현) 보령문화예술회관 무대/기계감독

조명감독 〉 프리랜서 무대감독 〉 현) CJ E&M 미디어
Art Creation 팀 차장

무대 스태프 〉 현) 프리랜서 무대감독

막연하게 신비롭고 멋있어 보이던 조종사를 꿈꿨다. 평범한 다른 친구들처럼 성적에 맞춰 고등학교와 대학교에 진학했다. 대학생활 중 반복되는 일상에서 도피하고 싶어 아르바이트를 찾던 중에 우연히 무대 크루로 일하게 되었다. 무대에서 일어나는 모든 일은 신기하기만 했다. 재미있게 일하다 보니 어느새 무대감독이란 직업을 가지게 됐다. 주어진 일만 하면 되던 크루와 달리, 모든 파트의 모든 이들을 조율해야 하는 무대감독의 일은 무척 어려웠다. 잠시 무대를 떠나기도 했지만 결국 '내게 가장 잘 맞는' 이곳 무대로 다시 돌아왔다. 무대 위 세상을 만드는 일은 비현실적이지만, 반대로 무대이기 때문에 할 수 있다는 사실이 가슴 뛴다. '안 되는 것이 없는' 무대를 만들 수 있도록 시도하고 또 시도한다. 스태프, 배우, 관객 등 무대를 통해 함께 하는 모든 이들을 사랑하고 위하며 오늘도 나아간다.

서울예술단 기술감독
최정원

현) 서울예술단 기술감독
현) 서경대학교 공연예술학부 겸임교수
현) C-dance 서울 국제 무용제 기술감독 10년 차
현) 프리랜서 무대감독 20년 차
공과계열 대학
외국어고등학교 졸업

무대감독의 스케줄

최정원
무대감독의
하루

22:00~23:00
▶ 공연 종료 후 전 스태프 점검 회의
23:00~02:00
▶ 퇴근 후 당일 문제 사항 정리 및
다음날 공연 준비 사항 체크
02:00
▶ 취침

06:00~08:00
▶ 기상 및 극장 출근
08:00~09:00
▶ 하루 일정 및 준비사항 점검

18:00~19:30
▶ 최종 기술 점검 및 공연 준비
19:30~20:00
▶ 하우스 오픈(객석 오픈)
20:00~22:00
▶ 공연

09:00~10:00
▶ 각 파트 스태프 극장 도착 후
점검 회의
10:00~12:00
▶ 리허설 준비 점검 및
기술체크

14:00~16:00
▶ 최종 리허설 진행
16:00~17:00
▶ 부족한 부분 연습 진행
17:00~18:00
▶ 저녁 식사, 각 기술 파트 및
배우와 문제 되었던 부분
공유

12:00~13:00
▶ 점심 식사
13:00~14:00
▶ 배우 마이크 착용 및
마이크 테스트

아르바이트를 하며
무대의 매력에
빠지다

▶ 형과 오른 산

▶ 어린 시절 가족과 함께

▶ 대원외고 친구들

▶ 군대 시절

Question 학창시절을 어떻게 보내셨나요?

학창 시절에는 공부만 하던 모범생이었어요. 학교와 집을 오가는 반복된 일상이 따분하게 느껴지기도 했죠. 또래 친구들처럼 때로는 엇나가기도 했고, 제자리로 돌아오기도 했던 지극히 평범한 학생이었습니다. 공부를 열심히 해서 성적에 맞추어 좋은 고등학교와 대학교에 진학했어요. 지금 하는 일과는 전혀 상관없는 공과 계열이었는데, 고등학교 생활과 큰 차이를 못 느껴서 대학교는 한 달밖에 다니지 않았습니다. 하하. 대학생이 되면 즐겁게 뭔가를 할 줄 알았는데 여전히 이어지는 숙제와 시험을 준비하며 사는 게 재미가 없었어요.

Question 어릴 적 장래희망은 무엇이었나요?

오랫동안 저는 비행기 조종사가 되고 싶었어요. 그땐 직업에 대한 정보를 얻기가 쉽지 않았습니다. 비행기 조종사는 왠지 쉽게 근접할 수 없을 것 같은 직업이라고나 할까요, 신비롭고 멋있어 보여서 오랫동안 꿈꿨죠. 요즘 학생들은 직업에 대한 정보를 마음만 먹으면 쉽게 찾을 수 있다는 점이 부럽네요.

Question 진로를 선택할 때 부모님의 영향도 있었나요?

부모님은 제가 고등학교에 갈 때만 해도, 제가 커서 의사가 될 거라 생각하셨던 것 같아요. 판사와 의사가 그 당시 인기 직업이었거든요. 하지만 나쁜 일이 아니라면 크게 간섭하시지 않고, 스스로 밥벌이만 잘하면 괜찮다고 생각하셔서 진로 선택을 할 때 크게 영향을 받지는 않았어요. 제가 무대감독이 된 건, 부모님보다 학교의 영향이라고 볼 수도 있겠습니다. 반복되는 학교 일상으로부터 도피하려고 아르바이트를 하게 되었거든요.

Question 무대의 매력에 빠지게 된 과정이 궁금합니다.

아르바이트를 찾던 중에 우연히 '무대 크루'라고 불리는 일을 하게 되었어요. 마치 어린아이가 된 것처럼 무대를 위한 일 하나하나가 신기하고 새로웠죠. 무대는 인위적인 장치를 통해서 환상을 만들어 냅니다. 예를 들면, 실제로 움직이지 않더라도 공간과 시간을 여행하게 돼요. 관객은 객석에 앉아 이동하지 않고 무대를 바라보고 무대도 언제나 그 자리에 고정되어 있습니다. 그런데 조명이 꺼지고 켜지면서 다른 공간이나 다른 시간으로의 이동을 표현할 수 있죠. 또, 안개를 만드는 특수효과를 사용하면 연기로 과거 회상 장면을 표현하거나, 전쟁터, 숲속에 있는 것처럼 만들 수 있죠. 막 극장 아르바이트를 시작한 스무 살의 저에게는 이 비현실적인 일이 라이브로 펼쳐진다는 게 무척 신기하고 매력적이었어요.

아르바이트하며 우왕좌왕했던 순간도 있었나요?

어렸을 땐 실수도 잦았죠. 음악 연주회 공연 때 에 피소드가 생각나네요. 연주자의 악보를 넘겨주는 헬퍼(도우미)를 위한 의자가 있는데 처음에 그 의자의 용도를 잘 몰랐습니다. 당연히 협연자가 앉는 의자 라고 생각해서 피아노 앞에 그 의자를 뒀어요. 조명 이 들어오는 순간 모든 사람이 경악했죠. 연주자보 다 악보 넘기는 사람이 앞에 있으니 말이에요. 이렇게 가끔 실수도 했지만, 호기심으로 처음 시 작한 아르바이트가 재밌어서 열심히 하다보니 제게 시키는 일도 하나둘 늘었고, 주어진 일을 열심히 하다 보니 빨리 배울 수 있었습니다.

Question **무대감독이 되려면 어떤 과정을 거쳐야 하나요?**

무대감독이 되는 길은 여러 가지 방법이 있습니다. 보통 저처럼 무대 크루에서 부터 시작하 는 것이 가장 기본적인 방법이에요. 크루로 여러 해 동안 공연 제작 형태와 방식을 이해하고, 조 감독이 되면 본격적으로 무대감독의 일을 돕기 시작합니다. 주로 무대감독과 크루 사이의 가 교가 되어 소통이 원활하게 이루어지도록 정보 전달을 담당하죠. 업무적으로 크루의 일을 나 누기도 하고, 때로는 무대감독의 업무를 일정 부분 담당하기도 해요. 무엇보다도 이때부터는 무대감독이 부득이하게 자리를 비우면 무대감독의 임무를 수행해야 하므로 더 집중해서 배우 고 일을 해야 하겠죠. 사람마다 조감독의 기간은 달라요. 어떤 사람은 1년을 하기도 하고 어떤 사람은 10년을 하기도 합니다. 온전히 실력으로 기간이 정해진다기보다는 운도 어느 정도 따 라야 해요. 하지만 기회가 주어졌을 때 그 기회를 잡기 위해서는 평소에 준비가 되어야 하겠죠.

무대감독을 하다가 도망 나온 적이 있어요. 저는 대학교를 한 달 다니고, 스무 살 때부터 일을 시작해 꽤 어린 나이였습니다. 가볍게 아르바이트를 하던 시절에는 첫 아르바이트니까 모든 것이 마냥 재밌기만 했죠. 그러다가 덜컥 감독이라는 타이틀을 얻게 되니 많은 것들이 어렵게만 느껴졌습니다.

무대 크루였을 때는 지시를 받고 제 일만 하면 됐어요. 하지만, 무대감독이 되고 나서는 아니었죠. 무대감독은 모든 파트의 모든 이들을 상대하는 사람이에요. 하나하나 요구를 만족하게 하면서도 그 모든 것을 조합하고 조율해야 합니다. 경험이 적었던 무대감독에게는 무척 어려운 일이었고 어려움과 중압감이 몰려왔습니다.

그래서 도망 나와 군대에 갔다가 공연 기획 분야 일을 잠깐 하기도 했고, 다른 분야 일을 해볼까 고민도 했어요. 다시 어릴 적 항공조종사의 꿈을 이뤄보고 싶어서 항공대학교 시험을 보기도 했죠. 당시 배우 류시원이 나오는 항공 관련 드라마가 굉장히 유행이었거든요. 그래서 이례적으로 의대보다 항공대 점수가 높았던 해에, 시험에서 떨어지고 다시 무대로 돌아오게 되었어요. 정기적으로 계속 공연이 진행되는 건 아니다 보니 급여가 일정하지 않는 등 공연계 처우가 좋지는 않았지만, 저에게 잘 맞는 일이었고 지금까지 만족하며 무대감독으로 일을 하고 있습니다.

▶ 공연 중 무대감독의 일

▶ 예술의 전당

내 '큐!'에
온전히 달린
공연

▶ 사랑하는 딸과 함께

무대감독은 어떤 일을 하는지 알려주세요.

무대감독은 정말 여러 스타일의 무대감독이 있어요. 사람마다 자기만의 철학과 방식이 유난히 다양하게 적용되는 직업이에요. 따라서 한 마디로 정의하기는 어렵습니다. 개인적으로는 무대감독을 커뮤니케이션 센터라고 하고 싶어요. 여러 파트가 협업하는데 중심이 되는 사람이요. 옛날에는 주로 목소리 크고 힘세고 대장 같은 느낌이었죠. 하지만 지금은 상하구조가 아닌, 수평적 관계에서 많은 사람이 일을 편안하게 할 수 있고 공연이 잘 흐르게 할 수 있는 사람이어야 한다고 생각해요.

Question 무대감독이 된 후 첫 느낌은 어땠나요?

메이저리그에 처음 타석에 서는 타자들처럼, 무대감독이 되는 것을 입봉했다고 합니다. 저는 오페라 〈호프만의 이야기〉로 입봉을 했어요. 일 년에 300만 원이었던 수입이 한 달에 300만 원으로 바뀌는 순간이죠. 말도 못하게 떨리고 불안했어요. 100명이 넘는 스태프가 제 판단과 큐에 따라 모든 움직임을 진행하니까요. 일사불란하게 움직이는 게 멋있어 보일 수도 있지만, 무대감독의 실수는 대형사고로 연결될 수 있어요. 예를 들면, 무대감독의 큐 시트에는 큐 넘버로 배우들의 동작이나, 세트의 이동 등 모든 것이 적혀있어요. 타이밍을 잘 잡아서 큐를 불러야 해요. 만약 큐를 잘못 부른다면 동선이 꼬여 스태프나 배우들이 다칠 수가 있는데, 무대의 세트나 기계들은 수십 톤까지 나가는 경우가 있어요. 자칫 큰 사고로 이어질 수 있으니 집중하고 또 집중해야 하지요.

흔히 무대를 네모 상자처럼 생각하지만, 극장마다 무대의 형태도 다르고, 무대 뒤나 무대 옆에 웨건이라는 다른 무대가 숨겨져있는 경우도 많아요. 이런 사항도 확실히 숙지해야 하고요. 공연 중간에 공연을 급작스럽게 중단해야 할 수도 있습니다. 부담감이 어마어마했죠.

Question 무대감독이 되고 나서 새롭게 알게 된 점이 있나요?

무대감독은 스스로 대장이라고 생각하고 본인만 잘해서는 안 된다고 생각해요. 모든 스태프가 함께 협동해야 공연이 잘 되는 것이지요. 공연이 무대에 한 번 오르기까지 얼마나 많은 사람의 보이지 않는 떨림이 있는지 몰라요.

혼자서 아무리 열심히 한들 손발이 안 움직이면 아무 의미가 없잖아요. 작은 일이 모여 큰 일이 되는 거죠. 그런 부분을 더욱 잘 알게 되었고, 그들이 고맙습니다.

Question 창작 능력이 필요한 일이기 때문에 받는 스트레스는 없나요?

물론 있죠. 저 자신에게 창작 능력이 없다고 느낄 때가 가장 힘든 순간인 것 같습니다. 〈라이언 킹〉이나 〈위키드〉 같은 큰 외국 공연의 경우는 라이선스(사용권)를 가져와 그대로 공연하기 때문에 창작 능력이 덜 요구되는데, 창작 작품일 경우는 많은 것들을 새로 만들어야 해요. '어떻게 하면 이 컴컴한 공간을 관객에게 환상을 심어줄 수 있는 공간으로 만들 수 있을까?'라고 늘

고민합니다. 빛과 소리를 사용하거나, 나무 등 다양한 재료를 사용해서 새로운 공간을 만드는 거죠. 차갑고 어두운 무대 바닥에 조명을 껐다 켜는 순간 그 공간은 파티장으로 바뀔 수 있습니

다. 한정된 시간과 자원 안에서 가장 효율적으로 무대를 구성하고, 만들어 내기가 결코 쉽지 않기 때문에 언제나 스트레스가 있답니다.

<잠깐! 라이선스란?>

라이선스 뮤지컬이란 국내 제작사가 원제작자와 저작권을 계약하여 로열티를 지급하고 그 외 기획, 제작, 유통 등의 전 과정을 거쳐 국내에서 공연을 올리는 뮤지컬을 뜻한다.
국내에 소개되는 라이선스 뮤지컬들은 크게 브로드웨이와 웨스트엔드 뮤지컬들과, 프랑스를 비롯한 유럽 뮤지컬들로 구분할 수 있다. 브로드웨이와 웨스트엔드 뮤지컬에도 적지 않은 차이가 있지만 그래도 이들 작품은 뮤지컬 메카로서 오랜 역사와 노하우를 바탕으로 한 작품들로 드라마성이 강한 편이다. 드라마를 전달하는 표현 수단으로서 노래를 매우 능수능란하게 사용한다. 반면 유럽 뮤지컬들은 음악극적 정서가 강하다. 프랑스 뮤지컬들 중 대부분이 성-쓰루(sung-through, 작품의 대부분이 노래로 되어 있는 뮤지컬) 형식이듯이, 음악으로 드라마를 풀어가더라도 음악 그 자체의 중요성이 크다.

참고: 네이버 지식백과

Question 환경적 어려움을 극복해야 하는 공연이 있었나요? 그 문제를 어떻게 해결했는지 궁금합니다.

관객이 그 순간 몰입할 수 있도록 해야 하니, 모든 공연이 환경적 어려움을 극복하고 있다고 볼 수 있겠죠. 무대를 작품 소재로 쓰지 않는 한 다른 환경을 무대 위로 가지고 와야 하잖아요. 집이든, 기차역이든, 우주 공간이든 말이에요. 매 순간이 난해합니다. 하하. 한번은 영국에서 뮤지컬 <스노우 맨>이 내한 공연을 온 적이 있어요. 공연 중 객석에 눈을 내려야 해서, 이벤트 할 때 쓰는 눈 스프레이를 다량으로 설치하고 객석에 눈을 내리게 한 적이 있어요. 객석에 눈이 내리는 게 말이 안 되지만 최대한 현실적으로 느낄 수 있도록 방법을 생각하고 적용해야 합니다. 이런 한계를 극복하며 극장 시스템이 점점 발전한다고 볼 수도 있는데, 미국은 냄새를 이용한 4D 극장이 영화관보다 먼저 생겼어요. 주로 이런 상황은 무대감독보다는 기술감독의 업무

일 때가 많습니다. 무대감독은 연출자의 의도와 표현을 기술 감독에게 전달해 충분히 상의하고, 기술 감독이 기술적인 문제들을 해결할 방법을 찾는 거죠.

 Question 가장 기억에 남는 공연에 대해 들려주세요

뮤지컬 〈7인의 천사〉가 가장 기억에 남습니다. 매일매일 관객의 반응이 다른 것도 공연의 묘미 중 하나예요. 같은 배우, 같은 내용의 공연인데도 어느 날은 관객들이 기립박수를 치기도 하고 어느 날은 박수 소리가 적기도 하는 등 반응이 차이가 나죠. 그런데 〈7인의 천사〉 공연을 맡았을 때는 한 달의 공연 기간 내내 눈물이 났어요. 내용도 너무 슬펐지만, 단독으로 전 장면에 출연하는 주인공 배우가 온 힘을 다하는 모습때문에 슬픈 드라마가 더 잘 전달되었던 것 같아요.

무대 공연의 기본은 사람이다

▶ 해외 공연 무대를 만들며

▶ 사랑하는 가족과 즐거운 시간

▶ 아프리카에서 한국 댄스 공연을 준비하며

공연예술 분야에서 일을 시작했던 시기와
현재를 비교해 달라진 점은 무엇인가요?

공연 예술 시장이 커지다 보니 자연스럽게 공연이 상업화가 되었다고 할 수 있을 것 같습니다. 제작 환경도 전문화, 분업화되었고요. 예전에는 각자의 역할 분담이 모호할 때도 많았어요. 무대감독뿐만 아니라 모든 스태프가 자기 일이 아닌데도 당연히 하는 분위기였죠. 공연도 지금보다는 소규모여서 주로 극단 시스템이어서, 시스템 자체가 간단하기도 하고 누구나 조금 배우면 할 수 있기도 했고요. 지금은 각 분야가 확실히 분업되고, 각 분야마다의 전문가들이 생겨서 조금만 배워서는 안 되죠. 끊임없이 공부하고 자기 자리에서 전문 능력을 보여야 합니다. 모든 장비와 기계가 어려워지고 컴퓨터화가 되기도 했네요. 그에 따라 가격도 예전보다 몇십 배 몇백 배 비싸진 것도 있죠.

무대감독도 많이 변했어요. 예전에는 업무 능력 중심이라기보다는 나이가 제일 많고 목소리 큰 남자가 무대감독을 맡는 경우가 많았어요. 지금은 여자도 무대감독을 많이 하고 있어요. 힘을 많이 필요로 하는 일이 있으면 힘센 사람이 하면 되고, 각 분야의 전문가가 있기 때문에 무대감독은 무대감독의 역할에만 충실하면 되기 때문입니다.

 무대감독으로서 가진 철학에 대해 들려주세요

'무대는 안 되는 것이 없는 곳'이라고 생각해요. 무대 위에 무언가를 만드는 게 비현실적이고 어려운 일이기도 하지만, 반대로 무대이기에 할 수 있는 거죠. 그렇기 때문에 시도하고 또 시도하려고 합니다. 무대를 만드는 사람들은 새로운 과제가 생겼을 때, "안돼요", "아니요, 못해요" 라고 부정적인 말을 쓰지 않는 편이에요. "무대에서 어떻게 비가 와?" 보다는 "어떻게 해야 무대에 비를 내릴 수 있지? 어떻게 표현하면 좋을까? 비를 내린다면 그다음 장면을 위해 빨리 치우는 방법은 뭘까?"를 생각하죠.

무대감독으로서 전문성을 높이기 위한 평소의 활동이나 노력이 있다면 알려주세요.

다견다독(多見多讀)입니다. 무대감독이 소통을 하는 사람이지만 소통 능력을 키우기 위해 소통을 공부하지는 않아요. 지식의 범위를 넓히고, 많은 공연을 본다면 다른 방식을 찾을 수 있게 되고, 전시회에 자주 간다면 그림 덕분에 새로운 상상을 할 수 있게 되죠. 당장 눈앞에 보이는 성과가 아니더라도 이런 습관이 차곡차곡 쌓인다면 새로운 아이디어가 어느 순간 갑자기 튀어나올 수 있답니다. 물론 무대감독으로서 전문성을 기르기 위해 전문 서적도 많이 봐야 하지요. 학생들에게 추천하지만, 저도 계속하고 있는 노력 방법입니다.

 멘토로 삼은 분이 있나요?

오페라를 연출하시는 문호근 선생님이에요. 예술의 전당 공연 본부장이셨던 분이지요. 그분의 삶의 방식이나 작업 방식을 배우고 싶었어요. 공연예술 분야가 초반에는 주먹구구식 분위기가 있었는데, 어느 정도 시스템을 갖추기까지 선생님께서 많은 일조를 하셨다고 생각합니다. 때론 무서운 스승님이기도 했지만, 그 열정도 본받고 싶어요. 직업인으로서 매너리즘에 빠질 수도 있는데 세월이 아무리 많이 흘러도 선생님의 목표는 언제나 '좋은 공연을 만드는 것' 하나였죠. 참 존경하는 분입니다.

 **Question** 대학교에서 학생들을 가르치시면서,

학생들에게 가장 강조하는 점은 무엇인가요?

　인문학적 지식을 바탕으로, 함께하는 사람들을 사랑해야 한다는 거예요. 무대 공연의 기본은 사람입니다. 세트에 조명이 켜지고 음악이 나온다고 공연이 아니라, 출연자가 있어야 공연입니다. 반대로 출연자가 있다면 조명이 없어도 되고, 노래가 없어도 되고, 심지어 기계가 없어도 돼요. 그리고 서로 사랑해야 더 좋은 공연을 만들 수 있습니다. 출연자를 사랑하지 않는다면 어떻게 그를 돋보이게 하고, 출연자가 관객에게 사랑받을 수 있게 하겠어요. 또 스태프를 사랑해야죠. 스태프들이 표현하고자 하는 것과 의지를 잘 파악해야 합니다. 마지막으로는 관객을 사랑해야 해요. 공연은 결국은 관객을 위한 것이고, 관객이 시간과 돈을 소비하므로 우리가 계속 공연을 할 수 있기 때문입니다. 관객 중에서 앞으로 20년 뒤 30년 뒤의 예술가가 있을 수도 있고요.

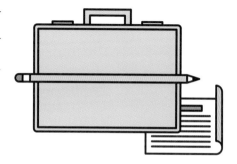

Question 앞으로의 목표가 궁금합니다.

　무대감독으로서 전혀 다른 무언가를 공연에 접목해보고 싶어요. 과학이 사람을 달나라로 보내는 시대에, '사람들이 무대에서 그보다 더 큰 환상을 갖게 할 순 없을까'라는 생각을 많이 합니다. 그리고 후배들에게 좋은 멘토가 되어 길을 제시해 주고 싶어요. 즐겁고 매력적인 이 직업을 선택한 후배들에게, 무대감독의 역할을 메뉴얼화 해 전달해서 제가 겪었던 시행착오를 줄이도록 도와주고 싶어요.

 **Question** 마지막으로, 무대감독을 꿈꾸는 친구들에게
한 마디 부탁드립니다.

　　무대감독은 누구나 할 수 있는 일이니 충분히 꿈꾸세요. 좋은 무대감독이 되기 위해 공연을
많이 보고, 순수 미술부터 무용까지 분야를 가리지 말고 많이 접했으면 합니다. 시각과 청각 그
리고 감성으로 예술에 다가갈 수 있는 힘을 길렀으면 좋겠어요. 그리고 주변 사람들에 대한 애
정을 항상 잊지 않는다면 좋은 무대감독이 될 수 있을 거예요.

딸 부잣집 막내로 태어나 '말순'이라는 이름을 얻었다. 새 학기에 교과서를 받자마자 국어책에서 희곡을 찾아 읽고, 친구들과 역할 놀이도 좋아하던 아이는 고등학생이 되어 자연스레 연극부에 들어가게 되었다. 공연 의상을 만들어 입고, 소품을 만들다 불이 날뻔한 적도 있지만 잊히지 않는 기억이다. 좋은 연출가가 되고 싶어 연극영화과에 진학했다. 졸업 후 모든 극장에 이력서를 내고, 조명 분야에서 일을 시작했다. 어느 날 우연히 본 뮤지컬 공연 백스테이지에서 무대감독이 공연 진행을 진두지휘하는 모습에 가슴이 뛰어 무대감독의 길로 나서게 되었다. 시작과 끝을 책임지며 소통을 돕는 무대감독의 일은 늘 쉽지만은 않다. 하지만 나를 필요로 하는 사람들과 무대에 충실할 때 가장 큰 기쁨을 느낀다. 앞으로도 사람의 마음을 움직이는 무대감독이 되고 싶다.

매니지먼트 숨SMM 대표

박말순

현) 매니지먼트 숨SMM 대표
현) 대학로 자유극장 극장장
전) 프리랜서 무대감독
전) 세종문화회관 조명파트 근무

한국예술종합학교 연극원 극장경영과정 전문사 졸업
상명대학교 연극학과 졸업

NCS <무대감독> 분야 집필

무대감독의 스케줄

박말순
무대감독의
하루

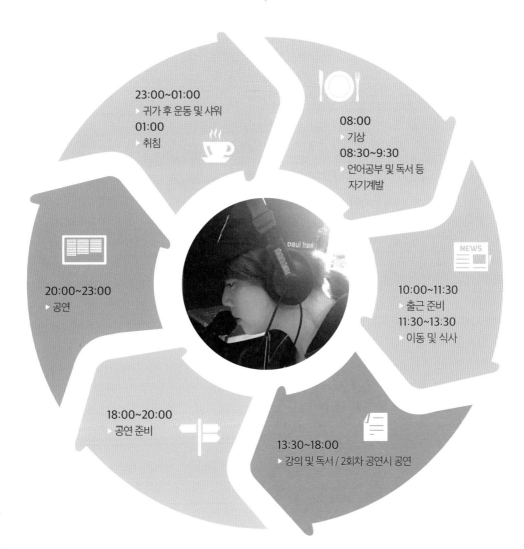

23:00~01:00
▶ 귀가 후 운동 및 샤워
01:00
▶ 취침

08:00
▶ 기상
08:30~9:30
▶ 언어공부 및 독서 등
자기계발

20:00~23:00
▶ 공연

10:00~11:30
▶ 출근 준비
11:30~13:30
▶ 이동 및 식사

18:00~20:00
▶ 공연 준비

13:30~18:00
▶ 강의 및 독서 / 2회차 공연시 공연

열정으로
모든 걸
만들어냈던
연극부

▶ 어머니와 함께

▶ 친구들과 공원에서

▶ 중학교 졸업식

▶ 고등학교 친구들과 눈밭을 뒹굴며

Question 간단한 자기 소개 부탁드립니다.

안녕하세요. 프리랜서 무대감독 박말순입니다. 어르신들은 제 이름을 듣고 "딸 부잣집 막내구나?"라고 바로 아시는데, 저는 5녀 중 막내입니다. 계속 딸만 낳으니까 그만 낳으라고 아버지께서 '박말순'이라고 이름을 지으셨대요. 옛날에는 그랬어요. 하하. 어렸을 때는 이름을 가지고 친구들이 많이 놀리기도 했는데, 지금은 제 소개를 한 번 쉽게 잊히지 않는 좋은 이름이라고 생각하고 있습니다.

Question 어린 시절을 어떻게 보내셨나요?

새 학기에 교과서를 받으면 집에 오자마자 국어책을 꺼내 희곡을 찾아 읽곤 했습니다. 홍콩 영화나 비디오를 보고 따라 해보기도 하고, 역할놀이도 좋아했어요. 지금 돌이켜보니 어린 시절의 모습이 지금 하는 일과 꽤 관련이 있는 것 같네요. 친구들과 어울려 노는 것을 좋아해 항상 집에 친구들이 놀러 왔고, 식구도 많아서 항상 집안이 바글바글 했죠. 초등학생 때부터 학생회 임원을 줄곧 맡았고 중학생 때도 학생회장이었습니다. 리더십이 필요한 무대감독이라는 직업을 갖게 되고 나니, 그때의 경험이 많이 도움이 되었다고 생각해요.

Question 학창 시절 장래희망은 무엇이었나요?

아주 어릴 땐 경찰이나 군인이 되고 싶었어요. 그러다 고등학생이 되어 학교 연극부에 들어가 제가 무엇을 좋아하는지 발견했고 자연스럽게 연출에 관심을 두었습니다. 2학년 때 진로에 대해 깊은 고민을 했는데, 연극이라면 평생 지치지 않고 할 수 있겠다고 생각했죠. 배우는 천의 얼굴이 필요한데 제게는 다양한 얼굴이 없는 것 같아, 연출을 해야겠다고 생각했어요.

Question 고등학교 연극부 활동에 대해 더 듣고 싶어요.

전문적인 공연단체가 아닌 학생들이라 가진 것도 많이 없고 시스템도 없었어요. 우리가 가지고 있는 것으로 최고의 결과를 내기 위해 노력하는 수밖에 없었죠. 의상도 직접 만들었는데, 민속극을 할 때는 천을 사다가 바닥에 두고 바지 모양을 그려서, 그대로 자르고 꿰매 뒤집어서 쓰곤 했어요. 나름 바지 같은 느낌이 났어요. 하하. 염색약을 사서 방목 천을 직접 염색해 옷을 만들기도 했습니다. 공연하다가 땀이 나서 염색약이 몸에 묻어나기도 했죠. 소품이나 배경을 만들 때 특수 종이를 사용해야 하는데 일반 종이를 사용해 불이 날 뻔한 적도 있고요. 말도 안 되는 일이 참 많았는데, 기억에 오래 남습니다. 그때 함께 연극부에 있던 선배 중 지금 공연을 하는 분은 안 계시지만, 모두 진취적이고 똘똘 뭉쳤던 시절이었습니다.

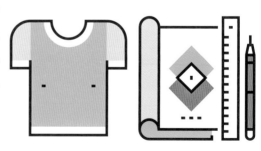

Question 부모님은 진로 결정에 대해 어떻게 생각하셨나요?

부모님께서는 제가 대학교 연극학과에 진학한다고 처음 말씀드렸을 땐 걱정하셨죠. 저는 어떤 선택을 하거나 결정을 내릴 때 혼자 충분히 생각을 정리해서 부모님께 전달하는 습관이 있었어요. 그래서인지 걱정을 잠시 하셨지만, 결국에는 감사하게도 제 결정을 믿어주셨습니다.

Question 진로를 정하는 데 도움을 주신 분이 있나요?

첫 시작은 연출이었습니다. 좋은 연출가가 되고 싶다는 꿈이 있었죠. 그러다 대학교 2학년 때 교수님께서 조감독을 맡기신 게 전환점이 됐어요. 무대감독을 본격적으로 생각하게 된 건 교수님의 영향이 컸습니다. 이후에 교수님께서 맡으신 작품의 무대감독을 하게 되었는데, 정말 많이 가르쳐 주셨어요. 그 전에는 무대감독을 '큐 사인을 보내는 사람'이라고 막연하게만 알고 있었는데 교수님의 가르침을 통해 공부도 많이 하게 됐고요. 미국에서 공부하셨던 자료도 틈틈이 알려주셔서, 무대감독이 하는 많은 일에 대해 처음 알았죠. 그때의 책임감이 제가 무대감독의 길로 걸어가도록 원동력이 된 것 같아요.

졸업을 하고 나니 무엇부터 시작해야 할지 잘 모르겠더라고요. 인맥도 아무리 찾아봐도 없고요. 학교 다닐 때 극장 안에서 많이 생활했으니, 제게 익숙한 '극장'부터 시작을 해봐야겠다는 생각을 했죠. 거의 모든 극장에 전화해 자기소개를 하고, 메일로 이력서를 보내고, 직접 찾아가 명함도 내밀어보고, 안 해본 게 없었지만 연락이 온 곳이 없었어요.

끝까지 더 열심히 해야겠다고 마음을 다잡으며 노력했더니, 결국 세종문화회관에 취직하게 되었죠. 처음에는 무대감독이 아니라 조명 파트로 들어가게 되었는데, 오히려 감사하게도 나중에 무대감독으로 일하는 데 큰 도움이 됐어요. 다른 파트를 좀 더 잘 이해할 수 있게 되었고, 넓게 볼 수 있게 되었죠.

그렇게 조명 파트에서 일을 하다가 처음으로 뮤지컬 공연의 백스테이지를 보게 되었어요. 다른 공연과는 달리, 뮤지컬은 무대감독이 SM Desk(스테이지 매니저가 일을 하는 데스크로, 중앙관제실이라고 보면 됩니다)에서 큐를 주는데 그게 너무 신기했어요. 무대감독이 콜링을 하며 진두지휘하는 것을 보는데 저도 모르게 눈물이 나오는 거예요. 감정이 북받쳐 오르고, 흥분되는 마음이었죠. 같이 일하던 사람들이 그런 제 모습을 보고 다들 놀랐어요.

얼마 후, 회사를 그만두고 본격적으로 무대감독의 길로 나섰습니다. 당연히 잘 다니던 회사를 그만 다닌다고 했을 때 집에서는 난리가 났죠. 아직 저는 젊고, 꼭 하고 싶은 일이 있으니 조금만 더 믿어달라고 부모님께 말씀드렸습니다. 그리고 극장이든 공연계든, 주위 사람들에게 제가 무엇을 하고 싶은지 명확하게 말하고 다녔어요. 그러다 무대감독님께 명함 한 장을 받게 되어 바로 전화를 드렸죠. 참 감사하게도 조감독으로 일을 시작하게 해주셨고, 그 일을 계기로 무대감독이 될 수 있었습니다.

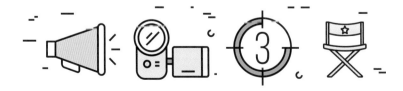

인생
작품이 된,
내 마음의
풍금

▶ 대학 시절 드럼을 치며

▶ 친구들과 즐거운 한 때

▶ 친구들과 즐거운 한 때

Question 현재 하시고 계신 일에 대한 설명을 부탁드립니다.

무대감독이 무엇을 하는 사람인지 알려면, 무대감독조차도 오랜 시간이 필요하다고 생각합니다. '무대감독은 무엇이다'라고 한마디로 정의하기엔 너무 많은 일을 하거든요. 조감독 시절에, 조감독끼리 모여 스터디를 하면서 정의해 보려고 해봤는데 결국 답을 찾지 못했던 기억이 나네요. 프로덕션감독 공연의 무대감독, 극장에서 일하는 무대감독 등 무대감독의 종류도 다양해요. 규모에 따라서도 하는 일이 다르지요. 작은 규모의 공연은 조감독이 하는 일도 해야 할 때도 있고, 큰 규모일수록 세세한 업무보다는 전체적인 것들을 진행하게 되죠. 하지만 우리들의 공

통점은 모두 소통의 중심이 되는 역할을 담당하는 것 생각합니다. 무대감독은 소통하는 사람이에요. 다양한 분야의 사람들과 이야기를 하고 모든 공연의 큐를 진행하지요. 시작과 끝에 항상 있어야 하는 사람이고요.

Question 무대감독의 여러 가지 역할에 대해 말씀해 주셨는데, 어떻게 다른지 궁금합니다.

대형 뮤지컬의 경우는 분업화가 잘 되어있어요. 무대감독은 '콜러(caller, 큐를 부르는 사람)'입니다. 작품 전체를 끌고 가면서 큐를 구성하고, 그에 맞추어 큐를 부르는 거죠. 저는 프로덕션 무대감독이기 때문에 공연의 연습 시작부터 공연이 끝날 때까지 한 공연을 위한 전 과정에 참여합니다. 연출자가 원하는 그림을 충분히 뒷받침해줄 수 있도록 하고, 공연의 안전을 책임지죠. 그리고 중요한 업무 중 하나는 사용할 공간의 일정을 짜는 스케줄링입니다. 시간, 돈, 사람 관리를 하므로 무척이나 중요한 일이에요. 한정된 시간과 예산, 인력을 가지고, 얼마나 효율적으로 서로에게 이익이 되는 좋은 공연을 만드냐가 달려있거든요. 연습 동안 많은 파트의 시간을 조정하

고, 사람들의 요구에 따라 배치를 다르게 하기도 하지요.

극장 무대감독은 극장을 중심으로, 그 극장 무대 위에 올라가는 공연에 참여하고 관리하는 사람이죠. 극장 무대감독은 극장의 시스템을 전반적으로 이해하는 사람이라고 할 수 있어요. 예를 들어 제가 맡은 공연을 해당 극장에서 할 때, 극장 무대감독님이 제게 극장의 시스템과 규정을 알려주십니다. 극장의 운영시간이나, 지켜야 할 안전수칙, 세트를 반입하기 위해서 보강해야 할 장치나 필요한 화물차 등이요. 그 요소들이 극장마다 다르기 때문에 저는 극장 무대감독님을 통해 그것을 숙지하고 이해하죠. 또 극장에 있는 기계들을 움직일 수 있도록 도와주시고요. 조금 과장해서 쉽게 비유하자면, 집주인(극장 무대감독)과 세입자(프로덕션 무대감독)라고 할 수 있겠네요. 따라서 좋은 공연을 위해서 공연장에 가기 전 스태프 회의를 하기도 합니다. 우리도 집에 이사갈 때 난방이 얼마나 잘 되는지, 집주인의 성향이 어떤지, 짐이 얼마나 들어갈 수 있는지 알려주고 주의사항을 듣는 것처럼, 작품과 극장에 대한 정보를 서로 주고받죠.

Question 그동안 어떤 공연들을 맡으셨나요?

뮤지컬, 연극, 페스티벌, 콘서트, 무용 공연 등 아주 다양한 분야의 공연을 두루 했습니다. 뮤지컬의 경우는 〈레베카〉, 〈팬텀〉, 〈노트르담 드 파리〉, 〈브로드웨이 42번가〉, 〈내 마음의 풍금〉, 〈라디오스타〉, 〈젊음의 행진〉 외 많은 작품을 했어요. 연극은 〈백설공주를 사랑한 난쟁이〉, 〈우먼인블랙〉, 〈트루웨스트〉, 〈인형의 집〉 외 다수 작품을 했죠. 콘서트와 페스티벌 역시, 〈하이서울 페스티벌〉이나 〈서울뮤지컬페스티벌〉, 〈충무아트홀 스위트 콘서트〉 등 다양한 공연과 축제에 함께 했답니다.

Question 공연의 종류에 따라 진행 시 고려해야 할 점들이 다를 것 같아요.

장르의 출연자에게 맞게 컨디션을 조정하는 것이 가장 기본적이고, 나머지는 진행 순서나 방식에 따라 조금 차이가 있을 뿐 큰 맥락은 같습니다.

무용공연에서 가장 신경 써야 할 점이 뭘까요? 무용수입니다. 무대 위에서 무용할 때는 항상 위험하다는 생각으로 안전사항을 점검하고 또 점검해요. 그들이 무대 위에서 미끄러지지 않게 바닥을 확인해야 하고, 현대무용의 경우는 거의 옷을 입지 않고 진행을 하기도 하니 그런 점을 배려하기 위해 적절한 환경을 마련해 줘야 하죠. 무대 위에 날카로운 것들이나 다칠 수 있는 요소를 없애는 동시에, 무용 동작이 관객석에서 더 잘 보일 수 있도록 신경 써야 합니다.

콘서트의 경우는 아티스트들에게 초점을 맞춰야 합니다. 아티스트가 최상의 컨디션을 유지할 수 있도록 하는 것이 가장 중요해요. 최상의 컨디션에서 최고의 공연이 나오거든요. 축제는 많은 팀이 오고 가기 때문에 짧은 시간 동안 각 팀이 들어오고 나가는 효율적인 동선을 짜거나, 빨리 무대에 적응할 수 있게 하려면 어떻게 해야 할지, 동시에 여러 팀이 함께 공연할 때는 어떻게 배려해야 할지 등을 고민하죠. 공지사항을 만들고 각 팀이 충분히 이해하도록 할 때 모든 과정이 자연스럽게 이루어집니다.

뮤지컬이나 연극은 배우가 관객에게 본인이 가진 배역에 대해서 충분히 전달해야 하잖아요? 이때 배우가 다른 것에 신경 쓰지 않고, 본인의 역할에 충분히 빠져들고 표현할 수 있도록 하는 게 저의 임무입니다.

 **Question** 무대를 연출하는데 환경적 어려움이 있을 때는 어떻게 해결하나요?

환경적 어려움이 생긴다고 해서 무대감독이 모두 해결해야 하는 건 아니에요. 기술 쪽 한계는 기술 감독이 담당하고, 연출적 한계는 공연 연출가가 해결하죠. 그 이후에 변경된 사항을 무대감독이 파악해서, 필요한 자원을 지원합니다. 주로 예산과 같이, 자원에서 오는 어려움은 무대감독이 중간에서 조정하기도 하는데, 이때는 언제나 희생이 필요한 거 같아요. 소통과 협의를 통해 포기하는 부분을 만들어 내야 하죠. 예전에는 예산이 부족하면 소품을 직접 만들어 쓰기도 했는데, 요즘 관객들의 수준은 정말 높기 때문에 공연 퀄리티가 낮아지지 않도록 이 또한 주의해서 판단해야 하죠.

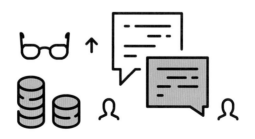

수많은 이들의 의견을 조율하며 생기는 갈등을
지혜롭게 해결하는 노하우가 있다면 알려주세요.

가장 크게 의견차이가 발생하는 이유는 한정된 시간과 공간 때문이에요. 극장, 연습실, 준비 시간 등은 한정되어있는데, 참여하는 파트가 많기 때문에 갈등이 발생하는 거죠. 이런 문제가 생기기 전에 방지하기 위해서, 예상할 수 있는 상황에 대해 시뮬레이션을 소통 전에 하려고 노력해요. 그럼에도 불구하고 의견 차이가 생길 땐, 의견을 조율하기 전에 저 스스로 기준을 미리 잡아 놓는 것이 가장 중요하다고 생각합니다.

무대감독이 조정 가능한 범위에 대해 기준이 없으면 모두가 흔들리게 되지요. 또한, 기준을 잡을 때는 각 파트의 모든 과정에 대한 충분한 이해와 공부가 필요합니다. 정확한 지식과 근거를 바탕으로 할 때 모두에게 신뢰받는 대안을 제안할 수 있기 때문이에요.

Question 가장 기억에 남는 공연은 무엇인가요?

가장 기억에 남고 좋아하는 공연은 창작 뮤지컬 〈내 마음의 풍금〉입니다. 그 당시 저는 무대감독치고 어린 나이였어요. 호암아트홀 대극장이었는데, 오케스트라도 있었고, 하나의 큰 프로덕션을 맡는 건 굉장히 벅차오르는 경험이었죠. 연출을 맡으신 분께서는 처음에 저를 믿지 않으셨을 것 같아요.

제가 처음 조감독으로 일할 때 그 연출님 밑에서 일한 적이 있거든요. 갓 졸업해 혈기왕성한 아이라, 제가 모든 걸 다 안다고 생각하는 거만함이 있을 때였거든요. 그러다 제가 몇 년 후에 무대감독으로 나타나니 '얘가 얼마나 잘 할 수 있을까?'라는 생각이 드시지 않았을까요? 부담이 많이 됐죠. 그때 존경했던 프로듀서님께서 저에게 "이번 작품이 평범한 기회일 수 있지만, 이걸 어떻게 하느냐에 따라서 너의 미래가 바뀔 수도 있다."라고 하셨어요.

그래서 모두가 탄탄한 준비 과정을 거쳐 오랜 시간 준비했어요. 지금 보면 부족한 부분도 있지만, 처음 도전해보는 것도 많았고 작품이 올라갔을 때 칭찬도 많이 받았습니다. 그 작품을 통해 제게 보내주신 인정과 응원이 계속해서 도전할 수 있는 용기가 되었어요. 제겐 〈내 마음의 풍금〉이 참 따뜻했던 인생작품입니다.

프리랜서 무대감독으로 일하고 계시는데, 공연을 어떻게 맡게 되나요?

프리랜서 무대감독마다 다를 수 있습니다. 저는 인연을 통해서 공연을 맡게 됐어요. 처음 무대감독을 맡은 〈달고나〉라는 작품은 제가 조감독으로 일할 때 무대감독이셨던 분께서 기회를 주셔서 시작하게 되었고, 그다음부터는 프로덕션으로부터 계속 의뢰가 들어왔어요. 물론 기회가 왔을 때 어느 정도 수준이 되어있어야 하겠죠. 의뢰가 들어왔을 때 진행 능력과 소화력이 있으면 입소문을 타기도 하고 또 다른 의뢰가 들어오게 돼요.

한 회사와 깊은 관계를 유지하게 되면 그 회사에서 하는 공연을 계속해서 맡기도 하고요. 그래서 우선 사람을 아는 것이 중요한 것 같습니다. 몇몇 무대감독들은 서로 모여서 팀을 만들어 회사와 회사끼리 계약을 하기도 합니다.

작품을 선택할 때 가장 염두에 두는 것은 무엇인가요?

저는 저를 필요로 하는 것을 가장 우선으로 생각해요. 돈이나 작품 자체도 고려해야 하지만, 저를 찾아준다는 사실 자체가 무엇보다 고마워요. 어떤 작품이든 제가 할 수 있는 상황이라면, 그 작품에 충분히 최선을 다합니다. 내가 도움이 된다는 것, 내가 있어야 한다는 것. 너무 좋은 일이잖아요.

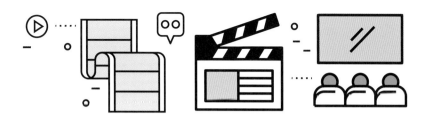

함께 만들어 낼 변화를 위해

▶ 무대 뒤 백스테이지에서

▶ 이 무대 위 공연의 시작과 끝을 책임지는 일

아쉽지만 제가 처음 일을 시작했을 때와 지금이 많이 바뀌지 않았다고 생각해요. 대학로부터 대극장까지 돌아다니며 오랫동안 일을 했는데, 바뀌어야 할 것들이 많이 바뀌지 않았어요. 공연 기술은 점점 변하는데, 제작 면에서는 개런티도 비슷하고, 환경도 비슷하고, 공연 일을 꿈꾸는 친구들이 이 업계에서 일을 시작하려면 어떻게 해야 하는지 고민하는 것도 비슷하고, 여전히 후배들의 걱정과 고민이 제가 그 시절 때 했던 고민과 똑같아요. 하고 싶어 하는 사람은 점점 더 많아지는데 변화가 적어서 속상하죠.

후배들에게 미안한 마음이 커서 조금이라도 도움이 될만한 게 없을까, 변화에 힘을 보탤 수 없을까 고민하며 다른 일을 많이 벌이고 있는 중이에요. 그런 마음으로 작년에 회사를 차렸어요. 회사를 통해서 이런 고민을 하는 사람들이 소통할 수 있는 장을 만들고 싶었거든요. 공연예술계의 많은 문제가 개인적인 문제라기보다는 사회 제도와 관련한 문제이기 때문에 여러 사람, 그리고 국가가 관심을 가져야 문제를 개선하고, 발전시킬 수 있다고 생각해요.

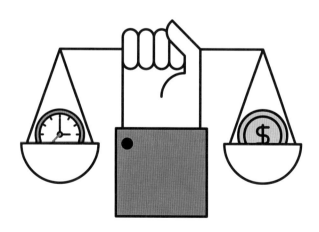

개인적인 변화가 있었다면 듣고 싶어요.

저는 인생을 배웠다고 생각해요. 무대감독이 여러 분야의 스태프들과 공연 전체를 관리하는 사람이다 보니, 자신을 관리하는 데도 익숙해진 거죠.

메모하며 관리하는 게 습관이 되니, 나의 하루를 정리하고, 인생을 관리하는 습관이 자연스러워졌어요.

Question 무대감독이라는 직업을 포기하려 했던 순간도 있나요?

10년 정도 이 일을 했을 때, 여기까지만 하고 그만둬야겠다는 생각을 했어요. 작품에 대한 고민이라기보다는 '내가 과연 잘 가고 있을까?'라는 생각이 들더라고요. 답이 눈에 보이지 않으니 답답했어요. 제가 가고 있는 길 위에서, 제 위치를 평가할 수 있는 척도가 없었거든요. 그리고 최근에 눈 건강이 나빠져서 그런 생각을 하기도 했죠. 십 년 전에 라섹 수술을 했는데, 온종일 모니터를 보다 보니 최근에 다시 눈이 안 좋아졌거든요.

'내가 계속 이 일을 할 수 있을까?'라고 질문해봤죠. 그때 그만두는 상상을 해봤어요. 일 자체는 여전히 너무 좋고 그만뒀을 때의 괴로움이 더 클 거 같더라고요. '그럼 다시 일해야겠구나!' 그렇게 극복했죠.

사람의 마음을 움직이는 무대감독이 되고 싶습니다. 그러기 위해서 먼저 몸이 건강해야 하고, 건강한 생각을 가져야 한다고 생각해요. 무대감독은 정해진 기간에 엄청난 체력을 써요. 공연 기간에는 잠도 줄여야 하고 많이 움직여야 하니 체력관리도 필수예요. 피트니스, 요가, 수영, 골프 등 운동을 게을리하지 않으려고 노력합니다.

체력을 위해 시작한 운동이 사람들을 만날 때 또 새로운 공감대를 형성해줘서 뜻밖의 도움을 주기도 하더라고요. 그리고 끊임없는 자기관리를 통해 자신을 개발시키려고 노력하고 있어요. 외국어를 할 줄 안다면 외국팀과도 편하게 공연을 할 수 있는 등, 가진 능력이 많으면 아예 모르는 것보다 할 수 있는 것들이 많아지지요.

무대감독 이후에 극장경영자가 되고 싶은 꿈도 있어요. 무대감독을 하면서 많은 공연장을 보게 되었어요. 극장은 관객과 만나는 매개체라는 점이 너무 매력적이었죠. 제가 잘하는 분야를 통해 좋은 사람들과 함께하는 새로운 개념의 경영자가 되고 싶습니다.

 **Question** 무대감독을 꿈꾸는 학생들이 가진 어려움은
무엇일까요?

무대감독을 꿈꾸는 사람들이 어떻게 시작해야 하는지 모른다는 점이 가장 큰 어려움으로 다가 올 것 같아요. 아직은 우리나라에 무대감독만을 키워내는 시스템이 없어요. 배우나 연출가를 양성하는 학교는 있더라도 무대감독을 키워내는 전공과 학교는 아직 없죠. 무대 관련 부분은 디자인을 제외하고도 제작, 기계 시스템을 다루는 것도 중요한데 교육 시스템이 충분하지 않은 점이 아쉽습니다. 이 분야에서 일하는 분들을 만나서 이야기해 보는 게 좋아요. 그렇게 사람을 통해서 저도 무대감독이 되었으니까요.

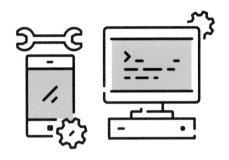

 **Question** 무대감독이라는 직업을 추천해주고 싶으신가요?

막연하게 멋있어 보여서 하고싶어 하는 친구들에게는 추천하지 않겠습니다. 많은 학생이 저를 찾아 와요. 그런데 힘든 과정을 겪거나, 힘든 이야기를 들으면 반 이상이 떨어져 나가더라고요. 하지만, 정말 하고자 하는 의지가 강한 친구들에게는 추천합니다. 힘든 시기를 이겨낼 만큼의 의지라면요. 그런 친구들에게는 어떻게든 기회를 만들어주고 싶고, 더 많이 알려주고 싶어요. 체력과 정신을 무장하고 어려움을 견딜 수 있다면 즐겁게 할 수 있어요.

Question 마지막으로 학생들에게 한 마디 부탁드립니다.

　직업을 선택할 때, 정말 하고싶어 하는 일을 했으면 좋겠어요. 항상 머릿속에 그 일을 할 때의 자기 모습을 상상하고 고민해보세요. 적극적으로 생각해보고 도전해봤으면 좋겠습니다. 물론 어려움도 많이 따라요. 인생을 살면서 많은 것들을 버려야 할 수도 있고, 걱정이 되기도 하죠. 무대감독이 되기 위해서는 때론 조감독을 해야 하고, 조조감독을 해야 하는 긴 시간이 필요할 수도 있어요. 그리고 한 분야와 맞지 않는다고 포기하지 마세요. 무대감독은 콘서트, 뮤지컬, 축제 등 다양한 분야에서 일할 수 있답니다. 막연한 상상보다는 더 구체적으로 생각해보고 정말 내가 원한다면 주저하지 말고 노력하세요. 충분히 꿈꾸기를 바랍니다!

중학교 2학년, 처음으로 사물놀이 공연을 본 이후로 사물놀이에 푹 빠졌다. 타악을 하는 국악가가 되고자 열심히 연습했다. 배운 악기를 다른 이에게 설명해주는 것도 재밌었다. 군대 전역 후 남은 휴학 기간 동안 할 일을 찾다가 공연장에서 음향 보조로 일하게 됐다. 음악을 전공하던 나에게 이것저것 물어보고 의견을 반영해주시던 음향 감독님 덕분에 점차 흥미를 느꼈다. 필요한 곳에 더 마음이 가 오랫동안 일을 하다가 같은 극장에서 무대감독이 되었다. 머리를 쭈뼛쭈뼛 세우며 긴장했던 클래식 피아노 독주회를 시작으로, 이제는 공연의 성공은 내가 만들어간다는 책임감을 느끼고 있다. 무대감독 한 명으로 인해 공연의 모든 것이 좌지우지된다는 생각으로 집중해야 한다. 공연장 무대감독으로서, 공연 팀이 공연장에 왔을 때 내 이름만으로 신뢰를 줄 수 있는 사람이 되고 싶다.

- -

보령문화예술회관 무대감독
권용삼

현) 보령문화예술회관 무대/기계감독
전) 한국소리문화의전당 무대감독
전) 극장 무대 진행 아르바이트

국악과 타악전공

무대감독의 스케줄

권용삼
무대감독의
하루

21:30~23:00
▸ 공연 종료 및 무대 철수
23:00
▸ 귀가

09:00~10:00
▸ 업무 시작 및 공연장 점검,
  안전 점검

19:00
▸ 하우스 오픈
19:30~21:30
▸ 공연

10:00~12:00
▸ 무대 장비 반입 및
  무대 셋업 시작
12:00~13:00
▸ 점심 시간

17:30~18:30
▸ 저녁 식사
18:30~19:30
▸ 작업 보강 및 셋업

13:00~15:00
▸ 조명, 음향, 무대기계 올 셋업
15:00~17:30
▸ 리허설

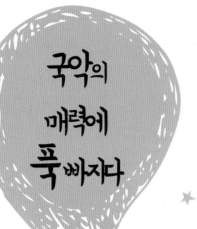

국악의
매력에
푹 빠지다

▶ 국악 소년 시절, 풍남제 행사에서

▶ 친구들과 함께

Question 어린 시절 어떤 분야에 흥미가 있었나요?

사람을 좋아하는 국악 소년이었어요. 중학교 2학년 때 처음으로 사물놀이를 만났습니다. 상모돌리기, 자반 뒤집기를 보는데 한 번도 눈을 깜빡이지 않을 정도로 반했어요. 그때부터 타악을 하겠다고 마음먹고 국악을 시작했습니다. 내가 배운 악기를 누군가에게 설명해주는 데도 재미를 붙이게 되고, 또 그 사람이 잘 이해하면 그것만큼 기분 좋은 일도 없었어요. 저 스스로 연습도 되고요. 프라모델 만드는 취미가 있었는데, 프라모델까지 다 버릴 정도로 국악에 빠졌어요. 선생님께 국악을 배우는 것도 물론 즐거웠지만, 선배들한테 배우는 걸 좋아했어요. 많이 혼나기도 하고 배우기도하던 그 시절이 정말 재미있었죠.

Question 장래희망은 무엇이었나요?

당연히 국악가, 특히 타악을 하는 국악가가 되는 게 꿈이었었어요. 장구를 하시는 김덕수 선생님을 롤 모델로 삼고 정말 많이 연습했어요. 고등학교와 대학교 모두 국악과 타악기 전공을 선택했습니다. 주된 악기는 꽹과리, 장구, 북, 징, 모듬북 등이었고 타악기에 관해서는 거의

다 다뤘던 것 같아요. 외동아들이라서 부모님의 반대가 심했지만, 결국에는 하고 싶으면 해보라고 믿어주신 덕분에 더 응원이 되었죠. 더 잘하려고 노력했습니다. 고등학교 때부터 국악 강

사를 시작해서 부모님께 손 벌리지 않고 스스로 용돈을 벌어 썼어요. 그리고 풍물대회에서 상도 받고 스카우트 제의도 받고, 지금 생각해보면 기특하네요.

Question 그러다 어떻게 무대감독으로 진로를 정하셨는지 궁금해요.

대학교를 3학기 다니고 군대에 가게 되었어요. 전역하고 나서 휴학 기간이 조금 남아 있었는데, '아르바이트를 해보자!'라고 했던 게 무대감독이 되는 길을 가게 했죠. 악기를 다루다 보니 음향 쪽에 관심이 많이 갔어요. 그래서 주로 음향 보조 역할을 하게 되었고, 공연장 음향에 관해 배우기 시작했습니다. 전공이 음악이었던 것을 아시는 감독님들께서는 공연마다 저에게 음색에 관해 물어보기도 하셨어요. 음향 점검할 때 "
소리 괜찮니?"라고 물어봐 주시고, 제 의견들을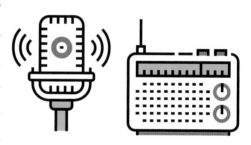
많이 반영해주셨죠. 아무래도 그때까지 해오던
공부가 다른 감독님들과 달라서 그랬는지, 다
른 사람들이 발견하지 못하는 점들을 발견한다
고 하시더라고요. 그리고 휴학 기간이 끝났는
데 형편상 바로 복학이 어려워서 3년 동안 공연장에서 아르바이드를 계속하게 되었어요. 가정형편 때문에 제가 돈을 계속 벌어야 하기도 했지만, 정말 좋아서 일을 그만둘 수가 없더라고요. 제가 필요한 곳에 더 마음이 갔기 때문인가 봐요. 학업도 중요하지만, 이곳에서 전문적인 기술을 쌓아 계속 있고 싶다는 생각을 했지요. 그렇게 아르바이트를 하다가 공연장에 직원 공고가 나서 지원했는데, 직원분들이 추천해 주셔서 극장 무대감독이 되었어요. 그 공연장에서 오래 일을 하다 보니, 계속 저를 지켜봐 주셨나 봐요.

Question 무대감독이 되기 위해 특별히 필요한
준비사항이 있었나요?

극장 무대감독은 극장마다 요구사항이 다를 수 있는데, 저희 공연장 같은 경우는 무대예술 전문인 협회에서 취득할 수 있는 무대예술 전문인 자격증이 필요합니다. 그래서 감독이 되려고 자격증을 준비하고 마침내 무대감독이 되었죠. 무대예술 전문인 자격 분야는 무대 기계, 무대 음향, 무대 조명 이렇게 3가지 분야가 있습니다. 분야마다 각각 급수도 있는데 1급은 1천 석 이상 객석 수가 있는 공연장에서 필요하고, 2급은 500석에서 100석 미만, 3급은 500 미만 공연장에서 필요로 합니다. 시험을 치를 수 있는 자격도 각각 다르답니다. 시험은 보통 자격증들처럼 1차는 필기 시험, 2차는 실기 시험으로 구성되어 있어요. 기계, 음향, 조명 3가지 모두 다 같은 방식입니다. 필기 시험이나 실기 시험은 모두 1년에 한 번이고, 필기 시험에 합격하면 3년 안에 실기 시험에 응시할 수 있어요. 자세한 과목이나 준비해야 할 요건 같은 것들은 무대예술 전문인 자격검정위원회 홈페이지에 가면 확인 할 수 있습니다. 현재 저는 무대 기계 2급 자격증을 가지고 있어요. 1급은 가장 높은 급수인 만큼 아주 어려워요. 하하. 저도 조만간 1급 시험을 볼 예정입니다.

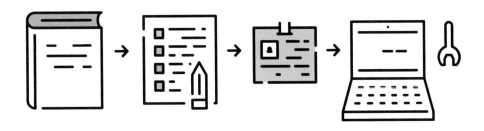

Question 진로를 선택할 때 영향을 준 분이 있나요?

－－－－－－－－－－－－－－－－－－－－－－－－－

　진로를 선택할 때는 아내의 영향이 컸죠. 극장 아르바이트를 하던 당시, 무대감독과 함께 다른 기업 두 곳에 동시 합격을 했었어요. 막상 선택해야 하는 순간에는 고민이 됐지만, 여자친구였던 지금의 아내가 그 극장에 있으면 좋겠다고 했고 그 의견에 따랐죠. 연애 8년 만에 결혼했는데, 후회는 없습니다. 하하.

　이후에 극장 무대감독으로 일을 하면서 영향을 많이 주신 분은 30년 동안 무대감독을 하시고 지금은 정년으로 퇴임하신 이종남 선생님입니다. 그분 밑에서 처음 일을 배웠었어요. 저와 스물여덟 살 정도 나이 차이가 있어서인지, 아버지처럼 하나부터 열까지 일일이 다 가르쳐 주셨죠. 무대감독은 서비스업과도 비슷한 부분이 있어요. 사람을 상대하는 일이라는 점이죠. 세세한 부분까지 의견 조율을 통해 남을 설득해야 할 때가 많아요. 그런 고민이 있을 때마다 조언도 해주시고, 인성과 자세 그리고 업무적인 부분까지 모든 부분에서 많이 가르쳐주신 감사한 분입니다.

▶ 좋은 공연을 위한 보이지 않는 노력

극장의
모든 일은
나의 책임!

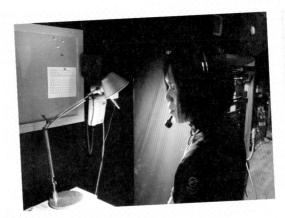

극장 무대감독이 하는 일을 알려주세요

극장 무대감독은 작품과 함께 움직이는 감독과 달리, 극장에서 일어나는 모든 일을 책임지고 있어요. 극장에서 다른 파트의 감독들은 감독실이 따로따로 있지만, 무대감독에게는 무대가 그 위치입니다. 유일하게 무대에 항상 있어야 하는 사람이죠.

<오즈의 마법사>라는 공연을 한다고 치면, 그 공연이 저희 공연장의 시스템과 맞는지를 먼저 확인해야 합니다. 만약 객석이 500석인 공연장이면 보통 무대 치수 기준이 가로 10m, 세로 10m인데, 그 공연의 무대세트가 10m 이상이면 안 되겠죠? 이런 기본적인 치수부터 확인합니다. 그다음은 조명, 음향, 무대장치 등 무대기계를 확인합니다. 세트가 움직여야 하는 연출이 필요한 공연이면, 극장에 그런 연출이 가능한지 서로 확인을 해보죠. 이런 과정들을 프로덕션 측 스태프와 극장 스태프가 회의를 통해서 맞추어갑니다. 그런 후, 세트장치, 조명행잉 및 포커싱, 음향 시그널 체크 등 무대 셋업을 위한 여러 가지를 준비하고 리허설합니다.

리허설도 우리가 보통 생각하는 리허설처럼 단순히 음향과 동선을 점검해보는 것 이상의 여러 가지 리허설이 있어요. 각 장비 엔지니어(감독)와 연출자가 이상 유무를 체크하는 기술 리허설, 실제 무대에 등장하는 출연진들과 모든 스태프가 동선과 흐름을 맞추어보는 사전 리허설이 있습니다. 추가로 특수효과가 있다면 그런 효과도 다 확인을 해야겠죠. 이 모든 것들이 완벽하게 준비가 되었을 때 큰 사고 없이 공연이 진행될 수 있습니다. 그리고 마지막에는 '드레스 리허설'이라 불리는 최종 리허설을 하는데 이때는 실제 공연과 거의 같게 진행하죠. 그다음 공연을 합니다.

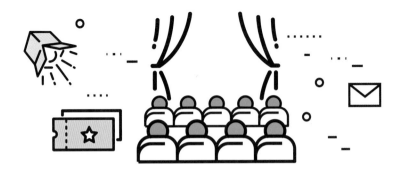

극장 무대감독이 된 후 첫 업무는 무엇이었나요?

저는 국악을 전공해서 공연에 익숙하기도 하고 아르바이트 경력도 꽤 됐기 때문에 조금 일찍 감독을 맡은 편이에요. 제가 극장 무대감독이 되어 처음 맡은 공연은 클래식 피아노 독주회였어요. 비교적 간단한 공연이었는데, 이 또한 큐가 20가지 이상 나와서 긴장이 많이 됐죠. 식은 땀이 나고, 머리가 쭈뼛쭈뼛 서고, 인터컴(통신수단)에 귀를 쫑긋 세우고 하나하나 메모해 가며 진행했던 기억이 나네요.

60분 공연이었는데, 회사 면접이나 대학교 입시와 비교가 안 될 정도로 지금까지 중 가장 긴장했던 순간이었던 것 같아요. 공연이 끝나고 말도 버벅대고 다리가 풀리는 기분이었답니다. 끝나고 차장님께서 어깨를 두드려주셨는데 정말 기분이 좋았어요. 그리고 사무실에 돌아오니 모두 퇴근을 하지 않고 기다리고 계시더라고요. 애썼다고 다들 한마디씩 해주셨는데, 생각하면 아직도 너무 고맙고 감동이에요.

극장 무대감독으로 일하며 느낀 직업적 특이사항이
있다면 무엇인가요?

일단 장소 면에서 방송국 스튜디오와 비슷한 것 같아요. 공연장에 창문이 없으니 당연히 햇빛도 없죠. 창문이 없는데 많은 기계와 장비들이 움직이다 보니 항상 먼지를 먹고 사는 듯한 기분도 듭니다. 그리고 제가 일했던 한국소리문화의전당은 공연이 꽤 많은 편에 속해서, 공연이 없는 월요일 하루를 빼고는 쉬는 날이 없다고 봐도 될 만큼 바쁩니다. 헬스장도 24시간 헬스장이 아니면 가기 힘들고, 공연이 가장 적은 겨울엔 시간이 있어도 추워서 밖에서 활동하기가 쉽지 않네요. 또, 검은 옷밖에 없는 것도 재밌는 점이네요. 무대 뒤의 움직임이 관객에게 불편함을 줄 수  있고 작품에 대한 집중도를 흐릴 수 있기 때문에 주로 검은 옷을 입어요. 따라서 흰색이나 색이 있는 옷이 거의 없어서, 그런 옷이 갑자기 필요할 때 당황하기도 한답니다.

Question 일 년에 몇 편 정도의 공연을 준비하나요?

한 달 평균 15~20개 정도의 공연을 진행했습니다. 프로덕션 감독과는 달리 지는 한 공연장에서 공연을 계속 진행해야 하니 꾸준하게 많은 공연을 다루는 편이에요. 1년이면 약 200개 정도의 공연을 진행합니다. 또 공연은 여가 생활의 한 부분이다 보니, 일반인이 쉬는 날 공연하는 경우가 많죠. 일반 사람들이 쉬는 주말은 저에게 가장 일이 많은 날이랍니다.

저 같은 경우는 출연진의 구성에 따라 어려움을 맞이하는 경우가 종종 있어요. 예를 들면 참여 인원이 많은 공연은, 출연진을 어떻게 무대 위에 배치해야 객석에 효율적으로 보일 수 있는지, 입장과 퇴장을 어떻게 할 것인지, 한정되어있는 무대 뒤 공간을 어떻게 효율적으로 이용할 것인지 고민해요. 각각 장면에 맞추어 차질 없이 등장하고 빠져야 하니까요. 이 문제를 해결하기 위해선 우선 스태프 회의 때, 문제가 발생할 수 있는 상황을 최대한 예상하는 것이 중요한 거 같아요. 그다음은 그 문제와 가장 관련 있는 구성원들과 상의를 하죠. 연출가나 스태프 혹은 각 분야의 감독 등 그분들의 조언을 받아 해결책을 함께 찾아갑니다.

한번은 합창 공연이 있었습니다. 30개 단체에서 800명 정도의 인원이 출연했던 걸로 기억해요. 무대 진행을 보는 무대감독은 저 혼자였기 때문에, 이전에 많이 공연을 진행했지만 유난히 긴장되고 정신이 없었던 공연이었죠. 계속 반복적인 과정이라도, 혼자서 800명을 통솔하는 것이 돌발 상황도 많고, 애로 사항도 많고, 정말 해야 할 일도 많거든요. 한 팀이 공연하고 있을 때 다음 팀이 대기하고 있는지도 확인을 해야 하고, 또 동시에 지금 공연하고 있는 팀의 공연이 잘 진행되고 있는지 또 퇴장을 잘 하는지 그 동선을 언제나 주시하고 있어야 하니까요. 그리고 합창공연은 주로 계단식으로 만들어진 단상이 있는데, 이동할 때 넘어지는 사례도 빈번히 발생할 수 있으니 안전에 대해서도 긴장해야 하죠. 공연은 성공적으로 끝났지만, 완전히 녹초가 되어 버렸어요.

공연 장르가 점점 다양해지고 공연의 질이 높아지면서, 사전에 더 구체적으로 협의해야 하는 것은 사실입니다. 하지만, 저로서는 장르가 다르더라도 전체적인 과정은 같기 때문에 고려해야 하는 것은 크게 다르지 않은 것 같아요. 하지만, 사전에 결정된 사항이 공연 당일에 변경되거나 돌발 상황이 벌어지는 경우는 문제를 일으키기도 합니다. 1년에 평균 10번 정도 그런 일이 일어나는 것 같아요. 공연은 계속 진행돼야 하니 무조건 최대한 빠르게 갈등을 해결하는 것이 서로에게, 그리고 관객에게 좋은 결과를 줄 수 있습니다. 이런 갈등은 종종 프로덕션(공연의 주최 측)과 공연장 측의 견해 차이에서 발생하는데, 우선 서로의 입장을 확인하고 저희 공연장에서 도저히 진행할 수 없는 것들은 충분히 설득합니다. 또한, 유연하게 공연장 측에서 맞출 수 있는 것이 있으면 최대한 맞추고요. 이렇게 갈등을 해결하면 아주 드문 상황을 제외하고는 공연을 다시 원활하게 진행할 수 있습니다.

▶ 사랑하는 나의 딸과

이름만으로 **신뢰**를 주는 무대감독이 되기 위해

Question 일을 하며 기억에 남는 재미있는 에피소드가 있다면 들려주세요.

2010년에 한·중·일 기획 공연을 맡은 적이 있습니다. 공연을 위해 3개국의 배우가 준비하고 있었죠. 마침 빠른 장면 전환이 필요해서 배우에게 퀵체인지(덧 마루나 천 등으로 만드는 탈의실)를 만들어 주겠다고 전해야 했는데 통역하시는 분이 잠깐 자리에 안 계셨어요. 급한 대로 통역 앱을 이용했는데 말이 빨라서인지, 소음 때문인지 "저희가 퀵체인지를 만들어 드릴게요."가 "비키니는 제가 해드리겠습니다."로 통역이 되어 버렸죠. 그래서 공

연 내내 '비키니 감독'이라고 불렸어요. 이런 에피소드 덕분에 분위기가 화기애애해져 즐겁게 마무리 됐던 거 같아요. 끝날 때 외국인 배우들이 롤링페이퍼를 남겨주고 갔는데 한가운데에 "비키니 감독 넘버원"이라고 쓰여 있더군요.

Question 무대감독으로서 권용삼님이 가진 철학은 무엇인가요?

공연의 성공은 내가 만들어간다는 거예요. 이 공연을 나 혼자 다 만들었다는 뜻이 아니라 나 하나로 인해 모든 것이 좌지우지 될 수 있다는 생각으로 끝까지 책임감을 느끼고 집중해야 한다는 것입니다. 공연이 시작되는 순간부터 공연이 끝나고 관객이 나갈 때까지, 저 외에는 그 어떤 사람도 진행에 관여할 수 없습니다. 무대 장치, 무대 기계, 음향, 조명, 특수효과, 출연진의 동선 등 모든 큐가 제 입에서 나와

야 진행이 되지요. 나이와 경력과 관계없이 무대 감독만이 할 수 있는 일입니다. 따라서 좋은 공연과 성공은 정확한 큐에서부터 시작되고, 성공과 실패의 여부도 저에 의해 결정될 수 있죠.

Question 공연예술계가 과거와 가장 달라진 점이 있다면 무엇인가요?

기술 발전이 가장 눈에 띄는 것 같아요. 세트를 만드는 기술이 정말 좋아져서, 질은 높아지고 만들어지는 속도는 빨라졌어요. 또 무대 스태프에 대한 인식도 많이 변했습니다. 이제는 관객들도 무대 스태프의 존재를 인식하고 그들이 하는 일에 관심을 두기 시작한 거 같아요. 아무리 좋은 출연진이 있다고 해도 스태프의 도움 없이는 절대 좋은 공연이 나올 수 없다는 것들을 알고, 고맙다고 언급해주실 때 참 감사하죠. 또 이 책을 읽는 많은 학생들처럼 무대 위에 서는 사람들뿐 아니라, 무대를 만드는 사람을 꿈꾸는 친구들이 점점 더 많아지고 있는 거 같아요.

Question 앞으로 이루고 싶은 목표가 있으신가요?

제가 일하는 공연장에 공연 팀이 도착했을 때, '이 공연장에는 권용삼이 있다'라고 할 수 있는 사람이 되고 싶어요. 출연자들이 오롯이 공연에만 집중할 수 있도록 신뢰감을 주는 감독 말이에요. 그러려면 스스로 계속해서 성장해야 한다고 생각하고, 끊임없이 공부하고 있습니다. 새로 업데이트되는 장비도 연구하고 외국어도 배우며 발전하기 위해 노력하고 있어요.

Question 무대감독을 꿈꾸는 친구들에게 한마디 해주세요.

  한 공연이 끝날 때마다 느끼는 성취감, 내가 무언가의 일원이 된다는 느낌은 어마어마합니다. 책임감을 가지고 누구보다 먼저 나서는 센스있는 무대감독들이 되었으면 좋겠어요! 더 넓은 세상을 보고, 다양한 무대감독들을 보세요. 하는 일도 무대감독마다 다르고, 같은 공연도 무대감독에 따라 엄청난 차이가 있거든요. 공연을 많이 보고 느끼며 본인이 어떤 무대감독이 되고 싶은지 그려보시길 바랍니다.

서울에서 회사원이 되는 게 장래 희망이었다. 큰 도시에서 정장을 입고 회사의 사는 모습은 어린아이의 눈에 멋져 보였다. 하지만 도시의 생활은 상상과 달라 실망했다. 꿈이 없이 살아가다가, 고등학교 취업 활동을 통해 방송 현장을 만났다. 방송 스태프 첫날, 조명의 생동감에 반해 그동안 몰랐던 세상에 눈을 떴다. 조명팀에서 일하다 회사를 옮기며 무대감독이 되었다. 다른 어떤 콘텐츠보다도 방송은 너무 다양하고, 변화도 빠르다. 기승전결이 정확하고, 아티스트에 따라 무대 분위기가 완전히 달라지는 '쇼' 작업은 가장 즐겁다. 세세한 부분까지 훌륭한 방송 프로그램을 만들기 위해 늘 차별화된 생각을 하고, 끊임없이 공부하고 있다. 방송 프로그램에서 누구도 시도하지 못했던 새로운 도전을 해 나가는 무대감독이 되는 그날까지 꾸준히 깨어있으려 한다.

CJ E&M Art Creation팀 무대감독
우세균

현) CJ E&M 미디어 Art Creation 팀 차장
전) 프리랜서 무대감독
전) 조명감독
전) 방송 스태프 아르바이트
자동차과 전공

무대감독의 스케줄

우세균
무대감독의
하루

생방송 엠카운트 기준 일과입니다

16:00~18:00
▶ 리허설
18:00~19:00
▶ 생방송 진행
19:30~20:30
▶ 생방송 종료 후 세트 정리
20:30
▶ 퇴근

08:00~09:00
▶ 기상 및 출근
09:00~10:30
▶ 무대 바닥, 조명설치 작업 진행
10:30~12:15
▶ 구조물 팀 철근 조립 작업,
세트와 영상 작업

07:40~08:00
▶ 무대 전환
08:00~09:00
▶ 관객 입장
09:00~14:00
▶ 녹화 시작(무대 전환, 리허설,
카메라 리허설 연속)
14:00~16:00
▶ 점심

12:15~13:30
▶ 점심 식사
19:30~20:30
▶ 선식작업 (불빛이나
작은 조명을 다는 일)

22:30~03:00
▶ 무대 바닥 작업, 안전 문제 점검,
세트 마감 작업
03:00~05:30
▶ 숙직실에서 취침
05:30~07:40
▶ 생방송 준비 시작, 오디오
테스트 및 리허설 시작

20:30~21:00
▶ 메인 세트를 다른 세트로 바꾸는 작업
21:00~22:30
▶ 조명 메모리 작업(조명의 움직임을
미리 짜놓은 뒤 이를 저장)

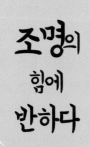

조명의
힘에
반하다

▶ 어린 시절의 나

▶ 졸업식에서 친구와 함께

▶ 군 생활 시절

Question ### 학창 시절에 어떤 학생이었나요?

어린 시절 시골이라고 할 수 있는 충청남도 논산에서 자랐습니다. 성격은 지금과 달리 내성적이어서 남 앞에 서는 걸 좋아하지 않았어요. 초등학교 5학년 때 서울로 이사 가게 되었는데 어린 나이에 환경이 갑자기 바뀌어서 많이 혼란스러웠습니다. 어딜 가나 사람들도 너무 많고 많은 것들이 낯설었죠. 그러다 보니 뭘 하고 싶은지 모른 채 그냥 시간을 흘려보내며 방황하던 시기도 있었어요. 이후 특성화 고등학교의 자동차 학과에 진학하게 되었는데, 특별히 관심이 있다기보단 어쩌다 보니 들어가게 됐어요. 학교 특성상 3학년 때 취업을 나가야 했는데, 마땅히 가고 싶은 곳이 없어 마지막까지 남아있었어요. 그때 누군가가 "이거 한번 해볼래?"라며 방송 관련 일을 권했고, 일을 시작하게 되었죠.

Question 어릴 적 장래희망은 무엇이었습니까?

'서울에서 회사원이 되어야겠다!' 이게 제 장래희망이었어요. 어린아이가 생각하기에, 큰 도시에서 멋있는 정장을 입고 회사 목걸이를 걸고 다니는 모습이 멋있어 보였죠. 그런데 막상 서울에 오니 제가 생각했던 멋있기만 한 도시는 아니었어요. 실망한 후로는 뭔가를 꿈꾸거나, 그 꿈을 키우지 않게 되었죠. 부모님은 일하느라 바빠서 할머니랑 함께 지냈기 때문에 제게 뭔가 되어  야 한다고 권유하는 분도 없었고요. 그러다 고등학교 시절에 취업 활동을 통해 방송현장을 만나게 되었고 그때부터 방송 업계에서 일하고 싶다는 꿈을 갖게 되었어요.

 취업 활동으로 만난 방송 현장의 첫 모습은
어땠나요?

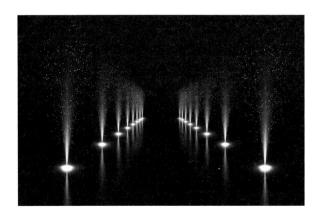

방송 스태프로 들어간 첫날, 충격을 받았어요. 제 인생에서 가장 큰 영향을 준 순간이 아닐까요? '와, 이런 세상도 있구나!'라며, 그동안 보지 못했던 세상에 눈을 뜨게 된 느낌이었죠. 공개 방송이었는데, 지금 유명 아이돌 그룹보다 더 많은 팬을 몰고 다녔던 HOT, 서태지와 아이들 등 그룹이 데뷔할 때였거든요. 현장에서 조명의 효과를 보면서, 그 아우라에 반하고 너무 신기해서 관심을 두게 됐어요. 조명을 안 켜도 안 보이는 건 아니지만, 조명을 켤 때와 안 켤 때 분위기가 완전히 다르니까요. 무대를 만드는 거의 마지막 단계에서 조명이 켜지는 순간, 그 빛들이 완성된 세트와 장면에 숨을 불어넣는 것 같았어요. 그 환경을 더 보고 싶어서 의지를 갖게 됐고, 배움에 대한 욕심도 생겼습니다. 관심 없이 시키는 일을 하는 것과, 진짜 관심을 가지고 하는 일은 결과물이 확연하게 다르잖아요. 재밌었기 때문에 더 잘 습득할 수 있었던 것 같아요. '오늘 내가 이 경험을 해 봤으니 다음엔 다른 걸 해봐야지'라는 생각으로 하루하루 나아가나 보니 지금에 이르렀네요.

Question 무대감독이 되기 이전에는 어떤 일을 하셨나요?

MBC에서 조명 팀으로 일을 시작했어요. 뭣 모르고 호기심에 뛰어들어 일하던 막내 시절에는 화려한 무대와 연기자들만 보였어요. 그러던 어느 날, 드라마 촬영장에서 한 배우가 감독에게 가더니 조명을 조정해달라고 부탁하는 거예요. 그 말을 듣고 조명감독님이 조명을 조정하는

데, 그 조명 하나가 들어가는 순간 배우의 이미지가 확 바뀌었어요. 조명의 힘을 하나하나 깨닫기 시작한 후로 일이 너무 재밌었습니다. 또 알면 알수록 깊이가 있는 직업이라는 걸 느껴서 더 빠져들게 되었죠. 그렇게 조명감독으로 일하게 되었습니다.

Question 어떤 계기로 무대감독이 되셨나요?

현재 회사(CJ E&M)는 새로운 걸 만들어보고, 신선한 시도를 해보려는 특징이 있어서 함께 일하는 사람들에게 많이 열려있었습니다. 제가 다른 회사에 있었을 때 <윤도현의 MUST>라는 프로그램을 CJ E&M과 진행한 적이 있었는데, 현재 본부장님이 그때 저를 좋게 봐주셔서 무대감독이 될 기회를 얻게 되었어요.

지금도 당근과 채찍을 주시면서 계속해서 좋은 영향을 주고 계시는 분입니다. 방송 무대의 경우는 트렌드 변화가 굉장히 빠르기 때문에 차별화를 위해 계속 노력해야 하거든요.

그래서 본부장님처럼 끊임없이 자극받을 수 있도록 도와주시

는 분들이 정말 필요해요. 사실은 채찍이 좀 더 많죠. 하하. 그러다 한번 당근을 받으면 굉장히 기분 좋답니다.

무대감독이 된 후 첫 업무는 무엇이었나요?

첫 업무는 〈SNL〉이었지만 조명감독 때 이미 접했던 프로그램이라, 무대감독이 되고 본격적으로 시작한 프로그램은 〈더 지니어스〉였습니다. 잘해야 한다는 부담감이 커서, 더 전략적으로 생각하려고 노력했어요.

조명 기법이라든지, 세트와 공간의 활용 등 같은 모든 것을 스태프들과 꾸준하게 회의하고, 협력업체와 끊임없이 조율하며 진행했죠. 시청률도 잘 나와서 다행이었고, 생각보다 좋은 성과를 얻어 뿌듯했습니다. 나중에 보니 부족한 점이 많이 보이더라고요. 더 잘 해야죠.

무대감독이 된 후 일이 어렵지는 않았나요?

본격적인 무대감독 일에 대한 공부는 현장에서 많이 했어요. 생각 자체를 계속 바꿔야 차별화할 수 있기 때문에 프로그램도 많이 보고, 동영상 자료도 많이 확보해서 여러 가지로 응용하는 것이 굉장히 중요하죠. 요즘은 영상, 미디어, 조명, 디자인 모든 분야의 지식을 마음만 먹으면 인터넷이나 전문교육기관을 통해 배울 수 있잖아요? 하지만 제가 일을 시작한 당시에는 그런 것들이 없어서 현장에서 공부할 수 밖에 없었습니다. 다른 감독님들이 하는 걸 보고 기억해 두거나, 방송에서 어떤 화면이 나왔을 때 '이 장면에서는 어떤 조명을 사용했을까?', '어떤 기법들을 사용했을까?' 생각을 많이 했죠.

요즘 프로그램을 가지고 예시를 들어볼게요. 〈한식 대첩〉에서 중요하게 다뤄야 할 요소가 뭘까요? 바로 컬러입니다. 시청자들은 시각을 통해 다른 감각을 상상해요. 화면을 보고 음식의 맛을 판단할 텐데, 출연자들이 열심히 만든 음식에 파란색 조명을 쏜다고 생각해보세요. 그 음식이 과연 맛있게 보일까요? 사용하는 배경과 조명의 색, 그리고 밝기 하나하나가 결과의 천지차이를 만듭니다. 이런 세부적인 부분까지 현장에서 보고 배웠죠.

늘
트렌드에
발맞춰
가는 일

▶ 방송 스태프 일을 시작하던 때

▶ 방송 현장에서 공연 큐를 부르며

▶ 방송 현장에서 점검 중

Question 방송 무대감독은 공연 무대감독과 어떤 차이가 있는지 궁금합니다.

방송은 정해진 무대 규격이 없고 프로그램마다 무대의 크기도 너무 다르죠. 그리고 가장 다른 부분은 트렌드가 정말 빨리 바뀐다는 점입니다. 2년 전에 방영했던 에피소드를 보면 촌스럽죠. 음식 다루는 프로그램들을 한번 들여다볼게요. 몇 년 전만 해도 맛집과 새로운 음식을 소개하는 프로그램이 인기였죠. 하지만 지금은 어떤가요? 쿡방과 먹방이 유행이에요. 사람들이 직접  음식을 만드는 모습을 보길 원하고, 내가 먹지 않아도 다른 사람이 음식을 먹는 모습을 보는 걸 좋아하기 시작했어요. 트렌드에 맞는 색을 이용하고, 배치하고, 연출하려면 내가 가지고 있는 것들을 그대로 가지고 있어서는 따라갈 수 없어요. 끊임없이 다른 사람들이 하는 방송도 보고, 음식, 패션, 인테리어 모든 분야를 구분하지 않고 받아들여야 합니다. 그냥 지나칠 수 있는 것들도 자세히 보고 기억하려고 애쓰죠. 또한, 카메라로 가까이에서 볼 수 있기 때문에 꼼꼼하고 세밀한 예술작업이 필요합니다.

Question 방송이 만들어지기까지 무대감독이 하는 일을 알고 싶어요

다른 분야는 잘 모르겠지만, 방송 분야는 처음 기획부터 무대감독이 들어갑니다. 기획서의 판단부터 함께해요. 프로그램에 대해 연출팀이 콘텐츠를 기획해서 가져오면, 무대감독과 미술감독이 함께 회의하고 구체적인 콘셉트를 상상하고 계획합니다. 예를 들어 〈더 지니어스〉는 연출팀이 '추리와 심리를 통한 게임'이라는 콘셉트와 함께 시놉시스를 전달합니다. 미술감독은 그것을 그림으로 도면화하고, 무대감독은 그 위에 구조물, 영상, 효과, 조명, 디자인 그리고 안

전장치까지 무대 시스템을 입히는 거죠. 그 이후에는 모니터를 보면서 녹화를 진행하고, 조명팀에게 조명 조정을 요청하거나, 무대를 이동 끊임없이 피드백하고 개선하는 과정을 통해 더 좋은 방송을 만들기 위한 작업을 합니다.

많은 파트를 이끌고 조율해야 하기 때문에, 각 팀에 전문가들이 있더라도 모든 분야를 어느 정도는 다 알아야 해요. 그뿐만 아니라 스케줄 관리도 무대감독의 업무 중 하나입니다. 제 스케줄은 당연하고, 연기자의 스케줄 또한 항상 신경을 써야 해요.

Question 음악 방송, 예능 방송, 콘서트 등 많은 방송 분야의 무대감독을 하셨는데요. 각각 고려해야 할 점이 다르다면 무엇인가요?

방송 프로그램은 우선 크게 드라마, 예능, 보도, 교양, 쇼 정도로 나눌 수 있고, 그 안에서 또 구체적으로 나뉩니다. 저는 〈SNL〉, 〈더 지니어스〉와 같은 예능 프로그램, 〈쇼미더머니〉와 같은 음악 프로그램, 〈Kcon〉, 〈MΛMΛ〉와 같은 콘서트 등 다양한 프로그램을 해왔습니다.

우선 예능 같은 경우는 프로그램마다 콘셉트가 뚜렷합니다. 〈더 지니어스〉, 〈SNL〉, 〈소사이어티 게임〉 등을 보더라도 프로그램의 공통점이 거의 없잖아요. 계속해서 실험적인 것들을 보여주려고 하고, 그 예능프로그램만의 특성을 살리려고 하죠.

음악 방송은 가사에 따라 시간 단위로 쪼개서 모든 파트의 큐를 구성해요. 세밀한 것부터 큰 흐름까지 하나하나 신경 써야 합니다.

쇼는 제가 가장 좋아하는 작업 중 하나인데, 콘텐츠가 물 흐르듯 진행되는 것이 아니라 기승전결이 정확합니다. 아티스트가 원하는 콘셉트, 음악의 장르, 아티스트의 목소리에 따라서 무대의 분위기나 시스템이 달라지고, 노래를 무대 디자인으로 표현할 수도 있죠. 특히나 페스티벌과 같은 쇼는 강렬한 효과를 위해서 특수효과를 사용하는데, 그때 관객들이 환호하는 장면이 연출 됐을 때 저에게도 소름이 돋거든요. 그런 점이 가장 매력적으로 다가옵니다.

직업적 특이사항 때문에 생긴 습관이 있다면 무엇인가요?

방송 무대감독은 장소의 이동이 많아요. 실내, 야외, 해외 등 다양한 장소에서 공연, 방송 페스티벌 등 다양한 콘텐츠를 다룹니다. 이렇게 장소가 다양하다 보니 날씨를 확인하는 습관이 생겼어요. 한번은 〈마스터셰프 코리아〉 촬영이 있었는데, 정말 추운 1월 중순에 여주에서 부트캠프를 했죠. 주차장 같이 넓은 공간에 세트장을 짓고 촬영을 했는데, 날이 워낙 추워서 걱정이 많았어요.

아니나 다를까, 화면으로 보니 사람들 머리에서 김이 나더라고요. 또 밀가루 등 재료도 다 얼어서 촬영 시 사용할 수 있도록 만드느라 힘들었죠. 이렇게 날씨와 같은 환경적인 요소 하나하나까지 다 신경 쓰는 것도 특이사항인 것 같습니다.

방송 분야의 무대감독은 이 업계에서도 힘들다고 소문이 났어요. 그래서 사람들이 들어오지 않으려고도 하죠. 하지만, 외부 사람들은 멋있게 보는 것 같습니다. 주로 연예인을 많이 보느냐고 물어보죠. 당연히 연예인과는 직접 대화해야 할 때가 많습니다. 꼭 필요한 일이거든요. 예를 들어, 〈MAMA〉나 〈Kcon〉 같은 공연을 할 때 플라잉 장치나 리프트를 많이 사용하는데, 그 때는 아티스트에게 직접 설명을 해줘야 합니다. 좋은 공연과 방송을 위해서이기도 하지만, 무엇보다 안전이 가장 중요하니까요.

그리고 가족들은 지금 제 모습을 보면서 아직도 깜짝깜짝 놀라시곤 해요. 어렸을 적에는 무척이나 내성적인 아이였는데, 지금은 많은 스태프를 조율하고, 많은 사람이 마치 아기 새가 어미 새를 바라보듯 제 사인을 기다리고 있으니까요. 저를 믿고 따르는 무수히 많은 사람을 보고, 약해지면 안 되겠다는 생각이 들어 성격이 많이 변했거든요.

조명을 다루던 시절, 잠시 공백기를 가진 적이 있었어요. 다소 강압적이게 느껴졌던 분위기 때문에 다른 일을 찾았지만, 저와 맞지 않더군요. 실내에서 편안히 앉아서 하는 일이라 몸도 힘들지 않았는데, 재미도 없고 곤욕스러웠죠. 그때 처음 제 성향을 발견했던 것 같습니다. 앉아서 일하고, 성과를 중시하고, 기계적인 분위기는 저와 맞지 않았던 거예요. 이때 깊이 고민해 본 것을 계기로 자신을 더 알게 되었고, 다시 좋아하는 일로 돌아가게 되었습니다.

늘 깨어,
지금의 나를
능가할 수
있도록

▶ 스태프들과 회의 중

▶ 주 무대 작업

Question 무대감독으로 일하며 특별히 기억에 남는 무대는
언제인가요?

〈프로듀스 101〉을 할 때 어떻게 하면 24명을 무대에서 효과적으로 보여줄까 하는 고민이
있었어요. 미술감독님과 카페를 갔는데, 가볍게 대화를 하다가 우연히 '4개의 삼각형을 붙이는
게 어떨까'라는 아이디어가 나왔어요. 종이가 없어서 급하게 냅킨에 쓱쓱 그렸던 게, 방송으로
나왔던 'Pick me'의 무대가 되었죠. 냅킨의 그림이 실제 무대가 되었을 때 정말 짜릿했습니다.
연습생이었던 친구들이 대부분이라, 다들 리프트를 처음 타봐서 놀라기도 했지만 그만큼 안전
에도 정말 많이 신경 썼어요. 방송 이후 크게 주목을 받은 무대가 되었죠. 다른 프로그램에서도
예시로 보여줬다는 이야기도 들었는데, 그럴 땐 정말 기분이 좋죠.

 Question 수많은 이들의 의견을 조율하는 데에 어려움은
없나요?

현재 회사에서 일할 때는 큰 갈등이 생긴 적은 없습니다. 모두가 이 시스템을 알기 때문에 통
제가 쉬워요. 자기 분야를 돋보이게 하려는 고집을 버리지 못할 때 갈등이 생기는데, 회사는 끊
임없이 대화하는 문화가 조성되어있어 이견이 있을 때 조율이 어렵지 않아요. 강압적인 분위
기가 아니라, 각자 어떤 것을 하고 싶은지 계속 이야기하다 보면 의견 차이가 있더라도 금방 타
협하곤 하죠.

창작 능력이 필요한 일이기 때문에 받는

스트레스는 없나요?

당연히 있습니다. 이 일은 아무것도 없는 맨땅에 건물을 짓는 것과 같아요. 프로그램의 콘셉트를 이해하고, '여기에는 영상이 들어갔으면 좋겠다', '구조물은 여기에 있으면 좋겠다', '특수효과는 어떻게 되면 좋겠다' 이런 그림을 만들 때 오는 스트레스는 어마어마하죠. 창의력이 무조건 필요한 직업입니다.

 방송을 위한 무대에서 가장 중요한 것은

무엇인가요?

무대 시스템은 하나 실수한다고 방송이 안 되진 않습니다. 조명 하나가 안 들어와도 방송은 진행되고, 정전이 돼도 방송은 되죠. 생방송 같은 경우는 만약을 대비해서 발전차를 사용하거든요. 그런 부분에서 실수가 생겼을 때는 고쳐야 할 점으로 여기고 개선을 하거나, 해프닝 정도로 넘어갈 때가 많습니다. 하지만 절대 해선 안 될 실수는 있어요. 무대 시스템의 안정과 퀄리티도 중요하지만, 객석 인진에 관해서는 절대 실수가 있어서는 안 됩니다. 성성을 해보세요. 아이돌 공연 같은 경우는 관객이 몇만 명이 될 때도 있는데, 그 안에서 압사 사고라도 나면 대형사고로 이어질 수 있기 때문에 늘 안전을 가장 우선순위로 신경 써야 합니다.

 앞으로의 목표는 무엇인지 궁금합니다.

무언가를 능가하는 무대를 만들고 싶어요. 예를 들면, 스튜디오에서 촬영했는지, 야외에서 촬영했는지 분간이 안 될 정도로 사실적인 묘사를 해보고 싶기도 하고, 예능프로그램 무대에서 누구도 시도하지 않았던 도전도 해보고 싶습니다. 그리고 크리에이티브 디렉터로서 '공연의 끝판왕'이라고 자신 있게 말할 수 있는 무대를 만들고 싶어요. 다양한 올림픽처럼 다양한 연출 형태를 다룰 수 있는 큰 행사 연출을 해보고도 싶고요. 이런 꿈을 이루려면 지금까지 했던 것, 그리고 지금 하는 것을 절대 무시하면 안 된다고 생각합니다. 지금 하는 것을 잘 할 수 있어야 다른 시도도 할 수 있으니까요. 더 좋은 것들을 만들기 위해서 해외 사례나 연구자료를 계속해서 찾아보고 수집하고 있습니다. 일상이 리서치와 프로그래밍 그리고 모니터링이에요. 예를 들어, 얼마 전 개봉한 영화 〈정글북〉은 모든 장면이 블루 스크린*을 이용한 특수효과로 제작했다고 하더라고요. 얼마나 엄청난 일인가요? 이런 사례를 통해 영감도 받고, 저 역시 새로운 것을 만들려고 끊임없이 고민하고 있습니다. 또 해외 공연을 준비하면서 다양한 나라의 업체와 협업하곤 하는데, 이때 많이 배우는 기회를 얻고 있습니다. 꾸준히 깨어있는 무대감독이 되고 싶어요.

〈잠깐! '블루스크린(Blue screen)'이란 무엇인가요?〉
푸른색의 스크린 배경으로, 특수 효과를 위해 합성하거나 실제 상황에서의 고난도 촬영 혹은 이상적 공간과의 합성 등을 위해 사용하는 배경이다.
영상 제작을 할 때, 어떤 화면에 다른 화면의 이미지를 동시에 끼워 넣어 합성하는 기술을 크로마키(chroma-key)라고 하는데, 합성될 화면 중 합성하고자 하는 부분 이외의 여백을 크로마 백(chroma back)이라 한다. 크로마 백에는 모든 색상을 사용할 수 있으나 합성하고자 하는 인물이나 물체에 가장 영향을 덜 주는 파장이 긴 파란색을 주로 사용한다.

마지막으로 청소년들에게 한마디 부탁드려요

무대감독은 하고자 하는 의지와 욕심이 있다면 분명 할 수 있는 일입니다. 저는 '한 우물만 판다'는 말을 좋아해요. 왜냐하면 제가 한 우물만 팠기 때문이죠. 여러분도 무언가 하고 싶은 일이 있다면, 꾸준히 그 우물을 파고 그에 적합한 사람이 되기 위해 준비했으면 좋겠습니다.

꾸준히 파다 보면 분명 우물 안의 물을 먹을 수 있는 날이 올 거예요. 때로는 능력만이 중요한 게 아닐 때도 있습니다. 기회를 잘 잡는 것도 중요해요. 그런데 그 기회를 잡기 위해서는 그 기회가 찾아왔을 때, 그 기회를 가질 수 있는 준비가 되어있어야 합니다. 당장 필요할 것 같지 않은 학업이라도 소홀히 해서는 안 돼요. 더 많이 배울수록 선택의 폭도 넓어지고, 꿈을 이루는 데 더 많은 도움이 된답니다.

세상을 바꿀 수 있는 일을 하고 싶었다. 대학교 경제학과에서 배우던 그래프로는 직접 세상을 바꿀 수 있을 것 같지 않았다. 그러던 중 우연히 참석한 특강에서 보게 된 패션쇼와 올림픽 이벤트는 삶을 바꾸어 놓았다. 공연을 통해 사람들에게 메시지를 전달하고 싶었다. 바닥부터 시작해 축제 기획까지 맡게 되었고, 어느 순간 한계를 느껴 무작정 미국으로 떠나 공부를 시작했다. 꿈만 같았던 토론토 팬암 대회와 올림픽 이벤트 공연은 어느새 이미 이룬 꿈이 되었다. 앞으로는 이름을 걸고, 의미 있는 메시지를 담아 신선한 공연을 만들기 위해 더욱 노력하려고 한다. 화려하게만 보이는 공연은 사실 하루하루가 전쟁이다. 고된 일이지만 앞으로도 즐겁게 모든 에너지를 다 쏟아붓고 싶다.

프리랜서 무대감독

장희용

현) 프리랜서 무대감독
전) 무대 스태프
부대감독 전공
경제학과 전공

무대감독의 스케줄

장희용
무대감독의
하루

<u>미식축구 오프닝 기준 일과입니다</u>

21:00~22:00
▶ 공연 제작단 퇴장 및 귀가
22:00~00:00
▶ 저녁식사 및 휴식
00:00
▶ 취침

09:00~12:00
▶ 비표 데스크, 프로덕션 오피스,
자원봉사자 티셔츠 테이블,
행사 대소도구 등 셋업

18:15~18:45
▶ 무대 리허설 진행
18:45~19:50
▶ 경기장 오픈
19:50~20:00
▶ 경기장 오프닝 공연
20:00
▶ 경기시작

12:00~13:00
▶ 점심 식사
13:00~15:00
▶ 무대감독단 미팅

16:00~17:00
▶ 에어 퍼포먼스 미팅
17:00~18:00
▶ 행군 악대 및 댄시 버스 도착 체크
18:00~18:15
▶ 출연진 대기 포지션으로 이동

15:00·15:30
▶ 국가 제창자 사운드 체크
15:30~16:30
▶ 미식축구 선수들 몸풀기
(운동장 사용 불가)

무대와
객석의
호흡에
감동하다

▶ 나의 어린 시절

▶ 친구들과 함께

▶ 공연과 축제 자원봉사를 하며

학창시절을 어떻게 보내셨나요?

오락실을 좋아하는 굉장한 말썽 꾸러기이자 호기심이 많은 아이였어요. 사람 만나는 것도 참 좋아했지요. 저는 사람들이 각자 다른 분야의 천재 같다고 생각했거든요. 매일 천재를 만나는 기분이었죠. 지나가다 이웃집 눈을 치워주기도 하고, 이웃이 잃어버린 열쇠를 한 시간 동안 같이 찾아주기도 하는, 정말 활발

한 어린이였습니다. 10살 때 캐나다에 이민을 했고, 영어를 먼저 배워야 했기 때문에 이민자를 위한 교육과정을 마쳤죠. 중고등학교 시절 역시 영어 때문에 학교 수업을 따라가는 데 시간이 좀 걸렸습니다. 직업 체험을 할 시간도 주어지는데, 이때 제 가치관이 많이 결정된 거 같아요. 저는 문화에 관심이 많았기 때문에 오디션을 간 적도 있어요. 하지만 연기를 하는 것이 매우 어려웠던 기억이 납니다. 댄스동아리 활동을 하기도 하고, 인터넷 라디오 방송을 해보기도 하고, 관심이 생긴다면 우선 뛰어들어봐야 직성이 풀렸죠.

캐나다 학교는 진로를 정하는 데 도움이 되는 시스템이 있는지 궁금합니다.

첫 번째로는 과목을 선택할 수 있는 거예요. 기본적인 영어(그들에게는 국어라고 할 수 있겠죠), 수학, 역사, 기본 과학과 같은 필수 과목을 제외하고는 나머지 과목을 선택할 수 있어요. 예를 들면 언어도 희곡, 문학, 비문학, 외국어, 외국 문학 등으로 구체적으로 나뉘어 있고, 미술도 그래프, 순수미술 등 세분되어있기 때문에 본인이 관심 있는 싶은 분야를 미리 경험해보고, 관련 지식

을 더 깊이 탐구해 볼 수 있습니다. 저는 어릴 때 창업에 관심이 많아서 기업가 정신 과목을 선택했어요.

두 번째로는, 진로 상담시간입니다. 종이로만 하는 적성 테스트가 아니라, 정해진 시간에 상담하며 뭘 좋아하는지, 뭐가 되고 싶은지 묻고 답하죠. 예를 들어, "저는 커피를 좋아해요"라고 하면 "그럼 넌 바리스타가 되면 좋겠구나. 바리스타가 되려면 어떤 준비를 해야 할까?"와 같이, 상담하면서 스스로 생각하고 실천할 수 있도록 유도해줍니다.

세 번째는 친구들이 아주 부러워 할 텐데, 방학이 길어요. 보통 4월 말부터 8월까지 4개월 정도 되는데, 사람마다 다르긴 하지만 주로 인턴이나 자원봉사 같은 활동을 많이 해요. 그러면서 관심 분야의 사람들도 많이 알아가고, 업무나 환경을 자연스럽게 접해볼 수 있게 되죠. 저는 방학 때 토론토 국제영화제에서 자원봉사를 했었어요.

마지막으로는 수능이 없다는 거예요. 캐나다에서는 대학교에 가기 전, 대학교를 탐방할 수 있는 기간이 있어요. 그렇기 때문에 아이들이 방학 동안 학원에 가기보다는, 학교와 원하는 과를 탐방해보고 미리 교수를 만나기도 하죠. 그럼 교수님께서 내신과 에세이, 포트폴리오 등 준비해야 할 것들에 관해 이야기를 많이 해주세요. 아이들은 그걸 보고 방향을 잡고, 꿈을 키우죠. 하지만, 수능이 없다고 마냥 부러워하고 좋아할 건 아니에요. 오히려 이런 제도는 고등학교 때부터 했던 활동을 쭉 정리해야 하니, 평소에 잘해야 합니다. 몇몇 학교에서는 이해력이나 소통능력을 보기 위해서 주제와 관련된 책을 선정해준 뒤 토론을 하는 등 추가로 입학시험을 보기도 합니다.

Question 어릴 적 장래희망은 무엇이었나요?

　부모님은 제가 전문직을 가지면 좋겠다고 생각하셨습니다. 많은 부모님이 그렇듯, 흔히 말하는 '사'자가 들어가는 판사, 의사, 검사와 같은 직업이었죠. 특히 가족들은 제가 예술계나 공연계로 가는 걸 크게 반대하셨어요. 어머니는 지금도 활동을 하시는 유화 화가이시고, 큰 누나는 사진작가여서, 이 계열을 업으로 삼는 게 얼마나 힘든지 알기 때문에 말리고 싶으셨던 것 같아요. 그런데, 정작 제 장래희망은 뭐였는지 기억이 잘 안 나요.

　호기심이 워낙 많아서 장래희망도 정말 많았거든요. 주로 무언가를 손으로 만드는 걸 좋아했어요. 특히 레고를 좋아해서 레고로 무언가를 만드는 사람이 되고 싶기도 했죠. '레고 빌더'라는 직업이 실제로 있다는 걸 어릴 적에 알았다면 지금 레고빌더가 되어있을지도 모르겠네요. 새로운 경험을 할 때마다 꿈이 생기기도 하고 바뀌기도 했는데, 한 가지 변하지 않았던 건 '세상을 바꿀 만한 사람이 되고 싶다'는 생각이었죠.

Question 공연과 관련한 일을 하고자 마음먹게 된 계기는

무엇인가요?
- - - - - - - -

　대학을 경제학과에 들어갔는데, 다루는 분야가 너무 넓다 보니 갈피를 못 잡고 있었어요. 한 번은 경제학을 공부하면서 공급-수요 그래프를 그리고 있는데, '이 그래프를 가지고 내가 세상에 영향을 미칠 수 있을까?'라는 생각이 들었어요. 저는 세상을 직접 바꾸고 싶었는데 말이에요. 그러던 중, 2학년 1학기에 저희 교수님 친구분이 잠깐 학교를 방문하신 김에 특강을 해주셨어요. 아무 생각 없이 참여했는데, 그 분이 자기가 한 쇼라면서 빅토리아 시크릿 패션쇼, 올림

픽 등 어마어마한 규모의 이벤트를 보여주시는 거예요! 그걸 보고 '이거다!' 싶었죠. 한두 시간 동안 올림픽 개.폐막식은 그 나라의 역사와 문화를 다 보여주고, 빅토리아 시크릿이라는 브랜드를 통해 전하고 싶은 메시지를 모두 보여주잖아요. 저도 공연을 통해 메시지를 전달하고, 세상을 움직이고 싶었어요. 그게 공연을 만드는 사람이 되고 싶게 한 가장 결정적인 계기가 되었죠.

Question 그중에서도 특히 무대감독을 꿈꾸게 된 이유가 궁금합니다.

한국에서 캐나다로 뮤지컬 〈명성황후〉가 투어 공연을 온 적이 있어요. 한국에서 온 스태프들과 캐나다 스태프들 사이에서 통역할 사람을 찾고 있길래 재미있어 보여서 제가 하겠다고 나섰죠. 기회를 얻어 하다보니 그 두 팀의 중간에서 통역뿐만 아니라 이것저것 일을 많이 하게 됐습니다.

오랜 시간을 함께하며 무대 위 기계에 같이 걸터앉아 보기도 하고, 노래도 다 외우고, 쫑파티에 참여하기도 하고 많은 주억이 있었어요. 그 기억들이 너무 좋았던 거 같아요. 그리고, 라이브 쇼가 직접 관객과 소통할 수 있고, 영향력이 엄청나다는 걸 그때 처음 느꼈습니다. 누군가 무대에서 열정을 보인다면 관객도 객석에서 그 열정을 느낄 수 있고, 반대로 공연자의 컨디션이 안 좋으면 관객도 그걸 느끼죠. 연기자, 음악, 조명, 스태프, 관객 모두가 공연장 안에서 같이 호흡하며 공존하는 걸 보는데 기분이 참 이상했어요. 감동이었죠.

<잠깐! 뮤지컬 <명성황후란?>>

국내 창작 뮤지컬 첫 세계화 작품이라 할 수 있는 <명성황후>는 소설가 이문열의 희곡 <여우사냥>을 원작으로 한다. 연출가 윤호진이 뮤지컬 <캣츠>를 보고서 놀라 세계 어디에 내놓아도 부끄럽지 않을 뮤지컬을 만들겠다고 결심한 후 기획 및 제작하였다.

명성황후 시해 100주기인 1995년에 예술의 전당 오페라 극장에서 첫 공연을 했다. 뮤지컬 명성황후는 화려한 무대와, 고증을 거친 수 많은 궁중의상으로 눈길을 끌었고, 우리 전통 오음계를 기반으로 하여 만든 음악으로 귀를 사로잡았다.

1996년 한국뮤지컬대상에서 최우수작품상을 수상했으며, 이듬해 한국 뮤지컬로는 처음으로 미국 뉴욕 브로드웨이에 진출했다.

Question 무대감독이 되기까지 어떤 노력을 했나요?

처음에는 관련 경험이 없으니까 자원봉사자로도 저를 써주지 않더라고요. 그래도 하는 수 없이 계속 부딪혀봤죠. 20대 초반에는 '바닥까지 가보자'라는 생각이 있었어요. 그래서 엔터테인먼트 분야로 보이는 건 뭐든지 다 해봤습니다. 토론토 국제영화제나 소니뮤직에서도 일을 해보고, 죽음의 시간이라고 불리는 새벽 2시에서 5시 사이의 라디오 프로그램도 진행해보고, 오페라하우스 같은 곳에서 바텐더를 하며 중간중간 공연도 보고, 하우스 어서도 했었어요. 그러다 캐나다 한인 커뮤니티의 축제 기획을 맡으며 차차 경력을 쌓게 된 거죠.

그런데 어느 순간 한계에 부딪히는 걸 느꼈습니다. 그 다음에 어떻게 해야 할지 모르겠고, 멘토가 필요했어요. '뉴욕으로 우선 가봐야 하지 않을까?', '브로드웨이에 가야 하지 않을까?' 이런 마연한 생각으로 미국으로 떠났습니다. 학교에 입학하기 위한 면접에서 28년 동안 무대감독을 하신 아메리카 발레단의 교수님께서 지원서를 쭉 보시더니 이 일을 왜 하고 싶냐고 물어보시더라고요. 그 질문에만 한 시간을 대답했습니다. 너무 떨려서 어떻게 말하고 나왔는지 기억도 안 나지만, 결론적으로 잘 돼서 본격적으로 공부하게 되었죠.

<잠깐! 하우스어셔란?>

하우스 어셔는 공연장에서 관객을 안내하고 질서 유지 업무를 담당하는 직원이다. 하우스어셔는 공연 시작 전 관객 수 파악, 객석 상태 파악, 안전시설물 상태 파악 등의 업무를 맡으며 관객의 입장부터 착석까지 공연에 관련된 전 과정을 돕는다. 공연이 시작되기 전에는 공연관람 에티켓 등 주의사항을 전한다.

▶ Church Show 회의 중에

▶ Blue Man Group 인턴 시절

하루하루가
즐거운
전쟁

무대감독은 어떤 직업이라고 생각하시나요?

무대감독은 많은 사람에게 기름칠하는 일을 한다고 말하고 싶어요. 모든 무대를 위해서는 정말 많은 사람이 필요해요. 이들이 각 파트에서 원활하게 진행을 할 수 있도록 도와주고, 다듬어주고, 서로 예술적인 부분과 기술적인 부분을 채워주면서 앞으로 나아갈 수 있게 원동력이 되어주는 역할입니다.

Question **무대감독으로서 맡은 첫 공연은 무엇이었나요?**

사실 잘 모르겠네요. 하하. '이렇게 하는 게 맞나?' 고민하면서 차근차근 무언가 해 나가고, 나중에 알고 보니 제가 했던 그 역할이 무대감독의 역할이더라고요. 한국에 대한 애정이 커서 한인 사회에 도움이 되고 싶었고, 한인 사회에 당연히 참여해야 한다고 생각했어요. 그래서 한인 축제에서도 열심히 일했죠. 예산도 인

력도 부족해서 기획과 섭외부터 무대를 만들고 무대 뒤에서 커뮤니케이션하는 일까지 정말 많은 일을 했어요. 해야 하는 일은 많았지만 그만큼 창의적인 도전도 할 수 있습니다. 〈토론토 한국영화제〉, 〈단오축제〉, 〈동포의 밤〉, 〈위안부를 위한 평화 콘서트〉 등을 맡아서 했습니다. 아플 때도 사명감으로 일할 정도로 열정을 다하다 보니, 행사를 하면 할수록 제 손이 닿는 일들이 점점 더 많아졌고, 어느 순간 무대감독이 되어있더라고요. 처음엔 제가 시켜달라고 했던 일이었는데, 나중엔 반대로 저를 찾아주었습니다.

그동안 어떤 공연을 하셨는지 궁금해요

2011년 〈Blue Man Group〉, 2012년 〈Kollaboration Star〉, 2013년 〈Sleep No More〉, 〈Intiman Theatre Festival〉, 2014년 〈World Pride Toronto Stages〉, 〈FIFA U-20 Women's World Cup〉, 〈102nd Grey Cup Half Time Show〉 등을 맡아서 진행했습니다. 이뿐만 아니라, 2015년 〈토론토 팬암 대회〉 개/폐막식, 〈클린턴 글로벌 이니시티브〉, 2016년 〈인빅터스 게임스〉 개/폐막식, 〈링컨센터 모차르트 페스티벌〉, 〈토론토 Argos 미식축구〉 개막식, 〈월드컵 하키 팬 빌리지 공연〉 등을 했답니다.

Question 무대감독이 되고 나서 새롭게 알게 된 점이 있나요?

화려한 공연을 만드는 사람이라 그저 멋있게만 보일 수 있는데, 매일 전쟁입니다. 쇼가 있는 날에는 일정 자체가 정말 전쟁 같고, 쇼가 없는 날에는 나에 대해 생각할 시간이 많아져서 자신과의 싸움 같은 느낌이에요. 즐겁고 재미있지만 치열한 일이죠. 부모님은 "왜 힘든 일을 골라서 하는 거니?"라며 계속 반대했지만, 저는 좋아서 하는 일이라 그런지 야근을 하더라도 야근처럼 느껴지지 않습니다. 가끔 정신력으로 겨우 버틴다는 느낌도 들 정도로 고되지만, 앞으로도 즐겁게 제 에너지를 다 쏟아붓고 싶어요.

직업 때문에 생긴 습관이 있다면 무엇인가요?

집에 항상 두 개의 가방을 꾸려놓습니다. 투어 공연을 하게 되거나, 일정 기간 다른 지역에서 프로젝트가 이루어질 때가 많거든요. 언제든지 공연을 떠날 수 있도록 늘 준비해두고 있습니다. 또 일할 때 펜이나 테이프 그리고 마커가 필요할 때가 많아서 가방에 이런 문구류와 포스트잇을 항상 습관처럼  가지고 다닙니다. 이건 저뿐만 아니라 다른 무대감독들도 다 그래요. 또 공연장이나 행사장에서 일반 관객과 구별할 수 있어야하기 때문에 이름표를 목에 항상 걸고 다녀요. 그러다 보니 집에 이름표가 한 가득이더라고요.

공연을 준비하면서 어려움을 극복해야 하는 경우는 어떻게 해결하나요?

 자연환경에 대한 어려움이 먼서 떠오르네요. 야외 공연할 때 눈비가 가장 무서워요. 물론 비가 올 것에 대비해서 미리 준비해놓긴 하지만, 라이브 공연에서 의사소통 문제로 조치가 잘 취해지지 않았을 때나 예상치 못한 상황이 닥치는 경우는 상상만 해도 끔찍하죠. 사실 지금은 어느 정도 경력과 노하우가 쌓여서 대부분 상황은 컨트롤 한답니다.

하지만, 대학생 시절엔 서툴렀죠. 저는 전문가 밑에서 배운 게 아니라, 얼떨결에 저 혼자 무대를 맡거나 오히려 제 밑에 사람들이 있었던 게 시작이었으니까요. 이후에 전공을 바꾸고 전문가를 만나고 배우며 다듬어진 케이스죠. 한번은 비가 와 분명 조치를 다 취했는데 어디선가 연기가 나는 거예요. 찾아보니 스피커에서 연기가 나고 있었죠. 일찍 발견해서 다행이긴 했지만 아찔했어요. 어떨 때는 이런 상황이 더 좋은 결과를 낼 때도 있어요. 야외 공연 때 갑자기 소나기가 내려서, 무대가 미끄러워 아티스트들이 다칠까봐 무대를 바닥으로 내렸어요. 관객들이 그걸 보고 더 좋아해서 미치다시피 즐겼던 기억도 있습니다.

예산에 관한 어려움도 항상 부딪히는 일 중에 하나인데, 예산을 조정하고 조율하는 것도 무대감독이 하는 큰일 중 하나이니 언제나 고민이죠. 토론토에서 힙합공연에서 세트를 만들 돈이 없었어요. 원래 있는 무대도 너무 허름하고, 공연하다가 아티스트가 자칫 뒤로 와버리면 위험해질 수 있는 상황도 예상할 수 있었고요. 그러다 갑자기 경찰이 가지고 있는 주의 테이프가 생각나는 거예요. 미국 드라마나 영화에서 CSI가 사건 현장에 못 들어오게 막아놓는 테이프 말이에요. 힙합 장르에 어울릴 거 같아서 무대 뒤를 위험 방지 테이프로 막는 동시에 그게 콘셉트인 것처럼 무대를 꾸몄죠. 반응이 좋았어요.

무대감독이 처음부터 참여하는 경우는 많이 없고, 대회의 조직위원회에서 연출 안이 60~70% 나오면 그다음에 그 콘셉트와 비전에 맞추어서 제작단이 선발됩니다. 그때 무대감독이 선출되고 참여가 시작되죠. 그 후 콘셉트 회의를 합니다. 캐스팅 디렉터는 출연진을 선발하고, 세트디자이너는 디자인 작업에 들어가고, 조명디자이너는 조명 제작을 시작하고, 무대감독은 이 모든 과정을 숙지하는 동시에 가운데에서 모든 프로세스를 부드럽게 만들어주죠.

예를 들어, 캐스팅 디렉터가 선발한 출연진이 바닥에서 무용을 해야 하는데 세트 디자이너가 바닥을 거친 재질로 선택하면 안 되잖아요. 각각 주의해야 할 점과 필요, 진행 방식, 장소의 구성 등을 계속 업데이트하고 서로 조율하죠. 또 국제대회의 개/폐막식과 같은 큰 프로젝트에는 방송이 들어옵니다. 방송 장비의 동선과 통로 등을 정해야 하죠. 큰 프로젝트일수록 간결하고 효율적일 수 있도록 준비해야 합니다.

또 한 가지 일반 콘서트와 다른 점은 리허설 자체가 굉장히 길다는 거예요. 리허설이 아무리 짧아야 3개월이고 길면 6개월까지도 해요. 사람이 많고 그만큼 관련된 분야가 많으니까요. 예를 들어 국제행사에 한 씬에 약 400명의 무용수가 등장한다면, 한 씬이더라도 400명의 무용수를 데리고 있는 단체는 거의 없기 때문에 여러 팀과 준비해야 하니 준비 과정이 몇 배가 되죠. 각 팀에 연습을 주고, 약 2달 전부터 그 그룹을 모이게 해서 연습시키고, 그다음은 공연 장소에서 해보고 다른 파트와 맞춰보는 과정을 거쳐야 합니다. 그렇기 때문에 국제행사의 총 무대감독 같은 경우는 1년 정도를 투자해요. 나머지 스태프들도 6개월 정도 참여합니다.

1. 대회 조직위원회 연출안 결정

2. 제작단 선발 (무대감독 선출)

국제대회의
개/폐막식
준비과정

3. 콘셉트 회의

5. 준비 및 리허설, 행사

4. 출연진 섭외 및 디자인, 제작 시작

나만의
쇼를
만들
그날까지

▶ Grey Cup Half Time Show에서 스태프들과

▶ 나의 목표였던 Toronto Pan Am

▶ Kollaboration New York 공연을 준비하며

 **가장 기억에 남는 프로젝트와 그 이유가 궁금합니다.**

인빅터스 게임(상이용사 올림픽)이 가장 기억에 남아요. 군 복무 중 사고로 장애를 갖게 된 상이용사들을 위한 올림픽인데, 준비과정부터 마지막까지 모든 선이 미묘했어요. 서로 상처받지 않게 의미를 담되, 전문적인 느낌을 잃어서는 안 되니까요. 섬세하게 준비했습니다.

선수단이 입장할 때도 보호자, 목발, 휠체어 등이 필요하다 보니 입장 대기하는 곳이 더 혼란스럽기도 하고, 동선이 꼬이지 않도록 더 주의해야 하고요. 가장 심장이 뛰었던 순간은 한 분이 넘어졌는데 단 한 사람도 일으켜주지 않았어요. 오히려 그 많은 사람이 그분을 응원해주고 일어날 때까지 기다려줬어요. 참가자들은 정말 강한 분들이거든요. 그런 장면이 아직도 너무 뜨겁고 기억에 남습니다.

 공연예술계에 첫발을 내딛던 때와 현재를 비교해 볼 때, 달라진 점이 있나요?

개인적인 변화는 무대감독 이상으로 프로듀싱할 수 있게 되었다는 거예요. 경제학 공부나, 스태프 일, 통역 봉사 등 제가 이전에 했던 모든 경험이 헛되지 않았던 것 같습니다. 걸어왔던 길이 발판이 되어서 프로듀싱 또한 할 수 있게 되었어요. 앞으로는 더 나아가서 특정 장소에서 스토리를 가지고 행위예술을 하는 체험공연(Immersive theatre)을 제작하고 싶어요.

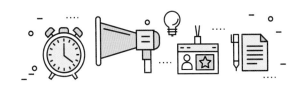

무대감독으로서 품은 비전이 있다면 무엇인가요?

제가 가진 5년 계획이 있었습니다. 그 계획에 안에 토론토 팬암 대회와 올림픽도 있었는데 모두 이뤘어요. 꿈의 중간 지점은 어느 정도 이뤘다고 생각해요. 그다음 계획은 장악력을 갖춘 무대를 만들고, 메시지가 있는 제 쇼를 만들고 싶습니다. 공연을 기획, 제작하고 모든 프로듀싱을 함께하는 공연이요. 예를 들면, 우리나라의 마당놀이와 같은 전통공연을 해외로 가져가 새롭게 기획하거나, 재활용을 이용해 메시지를 던지는 공연 등 신선하면서도 의미 있는 공연을 만들고 싶어요. 지금까지 저의 가장 큰 장점이었던 행동력으로, 다음 꿈을 이루기 위해 많이 부딪히며 끊임없이 노력해야죠.

그리고 오래오래 좋은 무대감독으로 남고 싶어요. 저는 해외에서 주로 활동하는데 공연장에 가면 저 혼자 동양인일 때가 많습니다. 백 스테이지에 아시아계 사람들이 발을 쉽게 들일 수 있도록 좋은 롤모델이 되면 좋겠습니다. 한 명이라도 일을 함께하는 사람이 있으면 위로가 되고, 응원이 된다고 생각하거든요.

Question 롤모델이 있나요?

캐나다에서 활동하시는 한 무대감독님입니다. 실력을 떠나서, 삶의 균형을 잘 유지하시는 모습이 인상 깊었어요. 무대감독은 주로 프로젝트로 활동하기 때문에 에너지를 단기간에 모두 쏟는 경우가 많아요. 프로젝트가 있는 기간에는 내 삶은 잠깐 내려두고 온전히 그 프로젝트에 집중하죠. 또 장기간 다른 곳에서 거주해야 하는 경우도 있어서, 가정에 신경을 쓰기도 어려워요.

하지만 그분은 언제나 그 균형을 맞추려고 노력하고 잘 실행하세요. 예를 들면, 1년 동안 다른 곳에서 프로젝트가 있다면 가족과 함께 이동하거나, 가족을 위한 시간을 꼭 비워놓고 움직이시죠. 이분도 다른 무대감독과 똑같이 일이 많고 24시간 일하시는데, 이렇게 가족을 애틋하게 생각하시며 노력하시는 모습을 본받고 싶어요. 후배를 양성하시는 점도 배우고 싶습니다. 주위에 누군가 이 직업에 관심을 보이면 일터로 초대를 해서 구경시켜주세요. 아무것도 아닌 것처럼 보일 수 있지만, 직접 보고 듣는 건 정말 큰 도움이 되거든요.

Question 진로 선택을 어렵게 느끼는 친구들에게 조언 부탁드립니다.

만약 여러분이 확실한 믿음이 있다면 나아가 보세요. 지금은 경제적으로 어려워 보이거나, 안정적이지 않은 직업이라고 생각하더라도, 진정하고 싶은 일이라면 어렵더라도 끝까지 갈 수 있는 대범함과 배짱이 있어야 합니다. 바로 눈앞에 길이 보이지 않으면 조금 돌아가도 돼요. 길을 걷다 보면 조금 잘못 왔을 수도 있어요. 그럼 다시 하면 됩니다. 자신을 믿으세요. 어떤 길을 걷든, 내가 하고 싶은 일, 이루고자 하는 목표와 지금의 이 일을 어떻게 연관 지을 수 있을지 생각하면서 모든 경험을 했으면 좋겠습니다.

마지막으로 무대감독을 꿈꾸는 친구들에게 한 마디!

　'이렇게 해도 될까?', '저렇게 해도 될까?' 너무 생각만 하지 말고 문을 우선 두드려보세요. 사람들에게 자신을 먼저 소개하세요. 무대감독이 되기로 했다면 주변의 시선은 신경 쓰지 말고 꿈에 미쳐보세요. 셰익스피어 쇼를 만들고 싶다면 그 시대 사람처럼 삶을 살아보세요. 그럼 사람들이 무엇을 원하는지, 무엇을 만들어야 할지 이해하기가 수월해질 거예요. 그럼 모든 과정을 재미있게 즐길 수 있답니다.

무대감독에게
청소년들이 묻다

청소년들이 무대감독에게
직접 물어보는 8가지 질문

무대 감독이 되고 싶은데 공연연출학과,
공연제작학과, 뮤지컬학과, 연극영화과 등
꼭 관련 학과로 진학해야 하나요?

필수는 아니지만 큰 도움이 됩니다. 전공하게 되면 기술을 배울 거라 생각하는데, 대학에서는 기술만 가르치지 않아요. 기술은 빠른 시간 내에 누구든 배울 수 있죠. 그보다 소양과 인문학적 지식을 많이 배울 수 있습니다. 연극사, 연극 개론, 희곡, 대본 읽기 등을 왜 배울까요? 작품에 대한 이해가 차곡차곡 쌓일 때, 기술을 더 자유자재로 구현할 수 있다고 생각해요. 대본을 많이 보거나 다양한 배경 지식을 가지고 있다면, 보이지 않았던 힘이 현장에서 작품을 만났을 때 발휘될 수 있어요.

보통 막내 생활은 얼마나 하나요?

그건 사람마다 차이가 나요. 평균적으로는 3년에서 5년 후에 무대감독이 되는데, 조감독을 10년 하는 경우도 있죠. 저는 1년도 지나지 않아 빨리 무대감독이 되었습니다. 조감독을 하는 기간에 따라서 무대감독의 성향도 달라지는 거 같아요. 예를 들면, 조감독 생활을 너무 짧게 한 경우는 감독 밑의 스태프들을 이해하지 못하고 지시를 내리는 경우도 간혹 있죠. 따라서 그 과정을 겪을 때 함께하는 스태프들을 잘 보고 훗날 그때를 떠올려보면 서로를 이해하는 데 도움이 될 거에요.

예체능 계열 진로를 선택하고 싶은데
부모님께서는 더 안정적인 직업을 갖기를 바라
셔요. 부모님을 어떻게 설득하면 좋을까요?

　설득은 참 힘들죠. 근본적으로 부모님께서 학생 여러분들이 하려는 일을 이해하시기 전까지는 더 힘들어요. 특히 무대감독이란 직업은 배우처럼 무대 앞에 나오는 일이 아니잖아요. 부모님 입장에서는 방송에 나오지도 않고, 무대 위에 있지도 않은데, 매일 밤늦게 들어오고 새벽에 나가는 모습을 보면 더 좋아하시지 않겠죠. 저는 공연들을 자주 보여드리면서 이 공연에서 제가 어떤 일을 하고 있는지, 어떤 역할을 맡고 있는지 설명해드렸죠. 그 이후에는 많이 인정해주시더라고요. 부모님께서 도대체 무슨 일인지 모르는데 대충 설명하고 이해시키려 하지 말고, 아무리 작은 일이더라도 차근차근 시간을 두고 천천히 이해하실 수 있도록 꾸준히, 구체적으로 설명해드리세요.

영어를 잘하면 도움이 되나요?

　네, 저는 이제 시작하려는 친구들에게 영어는 필수사항이라고 할 정도입니다. 공연장 전문 용어나 기계 장비는 거의 영어로 되어있어요. 하지만 이런 것 때문에 필수사항이라고 하는 것은 아니에요. 용어를 익히는 건 그리 어렵지 않으니까요. 그 이상을 공부하면 좋습니다. 외국인 출연진이 참여하는 공연이나 내한공연 등이 많아지면서 출연진뿐만 아니라 스태프까지도 외국인인 경우가 점점 많아지고 있습니다. 통역사가 지원될 때도 있지만, 좀 더 정확하고 빠른 소통을 위해서는 본인이 자유롭게 커뮤니케이션을 잘 할 수 있는 것이 좋겠지요. 진로를 선택한 이후에도 선택할 수 있는 범위가 넓어질 거라 생각합니다.

무대감독은 안정적인 직업인가요?

사람마다 다르게 생각할 수 있을 것 같네요. 저는 안정적이지 않다고 생각합니다. 저는 방송국에 소속되어있기 때문에 소득은 안정적이에요. 하지만 끊임없이 도전하고 노력해야 하므로 안정성과는 거리가 있다고 말씀드리고 싶습니다. 쉬고 싶을 때도 있고, 개인 시간을 가지고 싶을 때도 있지만 일에 모든 것을 쏟아부어야 해요. 잠깐 한눈을 팔면 뒤처지기 십상인데다, 안전사고에 대비해 늘 긴장해야 하거든요. 겉보기에는 재미있고 멋있는 것들로 가득하지만, 실상은 힘들고 독해져야 하는 직업입니다.

무대감독이 되고 난 후에 방송 계열로 들어가고 싶다면 어떻게 해야 하나요?

처음부터 방송 분야에서 시작하면 되겠지만, 연극과 뮤지컬 같은 장르의 공연을 하다가 방송으로 들어오기는 어려울 것 같아요. 방송은 아예 다른 장르라고 생각하면 됩니다. 한 회 방송을 찍더라도 세트뿐만 아니라 장소도 다양하게 바뀌고, 카메라에 나오는 모습도 고려해야 하죠. 트렌드 변화에 맞춰가야 하는 속도도 훨씬 빠르고요. 그래서 쉽진 않을 것 같습니다.

무대감독으로서 해외에서 일하고 싶어요.
어떻게 시작하는 것이 좋을까요?

　그럼 해외를 가야죠! 무엇이든 시작을 하세요. 해외로 가는 경우는 한국에서 지원할 수 없어서 아는 사람이 있으면 더 좋죠. 공고보다는 사람을 통해 일을 맡는 경우가 80% 이상이라서 연결고리를 만드는 게 가장 중요하다고 생각합니다. 계속해서 본인을 소개하고, 연락하고요. 좋은 인상을 남기고 의욕을 보여준다면 시간이 지나고 다시 연락이 오는 경우도 많답니다.

무대감독이 되고 난 후에 연극에서 콘서트,
페스티벌로 분야를 옮기는 것이 가능한가요?

　공연의 내용과 상관없이 무대를 준비하는 기본적인 과정이 비슷해서 어렵진 않습니다. 다만, 장르마다 시스템은 다르기 때문에 사전지식이 많이 필요하죠. 공연의 종류마다 입장, 퇴장 포인트가 다르기도 하고 중요하게 생각하는 것도 다르기도 하죠. 하지만 방송이나, 360도에서 볼 수 있는 공식 스타디움에서 진행하는 공연은 다르게 생각해야 할 부분이 많아서 어려울 수 있어요.

예비 무대감독
아카데미

관련학과 및 대학, 훈련기관

교육훈련기관 현황

학과	교육훈련기관		
	구분	계	교육훈련기관
연극영화과	4년제 대학	19개	강원대학교, 경희대학교, 동양대학교, 배재대학교, 청주대학교, 한서대학교, 한양대학교, 중원대학교, 디지털서울문화예술대학교, 국민대학교, 단국대학교, 대진대학교, 동국대학교, 호서대학교, 경성대학교, 상명대학교, 중앙대학교, 청주대학교, 한국예술종합학교
	전문대학	1개	대경대학교
	예술고등학교	3개	경기예술고등학교, 계원예술고등학교, 한국예술고등학교
연극과	4년제 대학	-	-
	전문대학	3개	서울예술대학교, 서일대학교, 부산예술대학교
연기과	4년제 대학	19개	가천대학교, 경기대학교, 극동대학교, 동서대학교, 목원대학교, 서경대학교, 성균관대학교, 영산대학교, 청운대학교, 한국예술종합학교, 한서대학교
	전문대학	15개	경민대학교, 김천과학대학교, 대구과학대학교, 대덕대학교, 동서울대학교, 동아방송예술대학교, 서울예술대학교, 수원과학대학교, 수원여자대학교, 여주대학교, 용인송담대학교, 장안대학교, 청강문화산업대학교, 한국영상대학교, 호산대학교
	예술고등학교	1개	고양예술고등학교
영화영상학과	4년제 대학	5개	동국대학교, 상명대학교(천안), 용인대학교, 전주대학교, 영산대학교
의상학과	4년제 대학	3개	경성대학교, 경희대학교, 성균관대학교
	전문대학	1개	배화여자대학교

공연예술학과	4년제 대학	5개	루터대학교, 신한대학교, 안양대학교, 인천대학교, 한세대학교
	전문대학	1개	청강문화산업대학교
패션디자인과	4년제 대학	2개	계명대학교, 대구가톨릭대학교
	전문대학	16개	계명문화대학교, 강동대학교, 김포대학교, 동서울대학교, 배화여자대학교, 백제예술대학교, 부천대학교, 수원여자대학교, 여주대학교, 오산대학교, 유한대학교, 인하공업전문대학, 장안대학교, 청강문화산업대학교, 충청대학교, 한국폴리텍 대학
전기·전자과	4년제 대학	20개	강원대학교, 공주대학교, 충남대학교, 한국해양대학교, 고려대학교, 동신대학교, 상명대학교, 서남대학교, 안양대학교, 연세대학교, 우석대학교, 울산대학교, 전주대학교, 한라대학교, 한중대학교, 광주대학교, 영산대학교, 송원대학교, 고려사이버대학교, 군산대학교
	전문대학	8개	김포대학교, 대구공업대학교, 대원대학교, 동강대학교, 연암공업대학, 울산과학대학교, 충남도립청양대학, 충청대학교
기계과	4년제 대학	54개	가천대학교, 강원대학교, 건국대학교, 건양대학교, 경남과학기술대학교, 경남대학교, 경북대학교, 경상대학교, 경일대학교, 경희대학교, 고려대학교, 공주대학교, 금오공과대학교, 단국대학교, 동명대학교, 동아대학교, 동의대학교, 명지대학교, 목포대학교, 부경대학교, 부산대학교, 삼척대학교, 상주대학교, 서강대학교, 서울과학기술대학교(산업대), 선문대학교, 성균관대학교, 수원대학교, 순천향대학교, 숭실대학교, 아주대학교, 안동대학교, 연세대학교, 영남대학교, 울산대학교, 인하대학교, 전남대학교, 전북대학교, 제주대학교, 조선대학교, 중앙대학교, 진주산업대학교(산업대), 창원대학교, 충남대학교, 충북대학교, 포항공과대학교, 한경대학교, 한국교통대학교, 한국기술교육대학교, 한국산업기술대학교, 한남대학교, 한밭대학교, 한양대학교, 호서대학교
	전문대학	12개	계명문화대학교, 대림대학교, 동양미래대학교, 두원공과대학교, 명지전문대학, 수원과학대학교, 신안산대학교, 영남이공대학교, 오산대학교, 인천전문대학, 인하공업전문대학, 창원문성대학교

응용미술과	4년제 대학	1개	한양대학교
	전문대학	1개	한양여자대학교
연출과	4년제 대학	1개	한국예술종합학교
	전문대학	-	-
무대연출과/ 공간연출과	4년제 대학	-	-
	전문대학	2개	한국영상대학교, 계원예술대학교
영상연출과	4년제 대학	-	-
	전문대학	1개	한국영상대학교
조명공학/ 무대조명학과	4년제 대학	1개	한국산업기술대학교
	전문대학	1개	상명대학교
영상촬영조명과	4년제 대학	-	-
	전문대학	1개	한국영상대학교
음향제작/ 음향미디어학과	4년제 대학	-	-
	전문대학	3개	대림대학교, 동아방송예술대학교, 한국영상대학교
무대미술과	4년제 대학	1개	한국예술종합학교
	전문대학	2개	동아방송예술대학교, 청강문화산업대학교
	예술고등학교	1개	서울공연예술고등학교
무대의상·분장전공	4년제 대학	1개	상명대학교(천안)
	전문대학	-	-

*출처 : 국가직무능력표준NCS(www.ncs.go.kr)

공연을 만드는 사람들

무대 뒤는 무대 위를 더 화려하고 밝게 빛나게 하도록 가장 어두운 환경을 유지한다. 그 깜깜한 어둠 안에서도 관객에게 잊을 수 없는 찰나의 순간을 만들어 주고, 무대 위의 또 다른 세계로 완전하게 빠져들 수 있도록 쉴 새 없이 움직이는 많은 손이 있다. 공연을 만드는 사람들, 그들은 누구일까?

무대감독, 제작자, 연출가 다 같은 사람이라고? 공연의 의도와 크기에 따라 같은 사람이 여러 업무를 맡기도 하지만 이들은 엄연히 각각 다른 역할의 전문가다. 공연을 만들어가는 전문가들을 하나하나 알아보면, 공연 제작을 더욱 쉽게 이해할 수 있을 것이다.

❶ 기획·제작관리자 (Producer)

흔히 프로듀서 또는 PD라고 하기도 한다. 전체적인 기획 업무를 주관하며 연출가, 작가, 작곡가 섭외 및 스태프 선발과 배우 오디션에도 관여한다. 또한, 작품 제작에 소요되는 예산을 짜고, 제작비를 조사해 이를 집행하며, 대내외 행사에 참여해 회사와 작품을 홍보하는 데 주력한다. 각종 마케팅 협찬 회사와 최초 혹은 최종 미팅에 참여하여 관계 개선을 위해 노력하는 것도 제작자의 업무 중 하나이다.

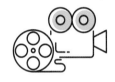

잠깐!) 어떻게 준비하나요?

공연제작관리자는 공연, 행사, 이벤트 등 관련 분야에서 경력을 쌓아 관리자로 승진하거나 스카우트 되는 경우가 많다. 연출자 또는 배우처럼 실제 공연제작에 관여한 경험을 살려 공연제작관리자가 될 수 있다. 음악, 무용, 미술, 드라마 등 예술 지식이 필요하며, 사업운영, 기획, 자원배분, 인적자원관리, 리더십, 생산기법에 대한 원리 등 경영 및 관리에 관한 지식이 요구된다. 시간 관리, 인적자원 관리, 문제 해결 능력 등의 업무수행능력은 높은 수준을 요구한다.

공연기획자가 되기 위해서 체계적 공부를 하려면 대학에서 공연제작예술학부, 공연기획학과, 예술경영, 이벤트학과, 연극영화 등의 학과에서 공부하는 것을 생각할 수 있다. 공연기획사 등에서 공연기획자를 선발할 때는 지원자가 어떤 전공을 했는가보다는 공연기획과 관련된 어떤 경험을 했는가를 중요하게 보는 경향이 있다. 대학에서 공연 관련 동아리 활동을 했다거나 혹은 공연시설이나 공연단체에서 인턴이나 아르바이트를 한 경력을 높게 쳐준다. 처음 공연기획전문회사나 공연시설에 입사하여 공연기획 업무를 보조하다가 점차 자신이 책임을 지고 공연을 기획하는 전문가로 성장하는 것이 일반적 관례이다. 공연기획자는 수많은 사람과 의견을 조율하고 정해진 기간 내에 필요한 것들(공연장 섭외, 배우나 가수)을 준비해야 하기 때문에 추진력과 카리스마가 있어야 한다. 공연을 보고 즐기기보다는 그 공연에서 좋았던 점과 내가 기획을 한다면 어떤 점은 보완하고 싶다는 생각을 하는 것도 도움이 될 것이다.

❷ 연출가 (Director)

연출가는 말 그대로 공연을 연출하는 사람으로서, 공연을 의뢰받고 그 공연에 필요한 스태프와 배우를 제작진과 상의하여 섭외한다. 작품이 어떻게 만들어져야 할지, 공연을 통해 전하고자 하는 메시지가 무엇인지, 그 메시지를 노래나 무대, 화면 안에 어떻게 담아낼지 분석하고 연출하는 사람들을 말한다. 다른 모든 역할이 그러하듯 연출한 내용이 실현되었을 때 모습을 상상할 수 있도록 연기, 음악, 무대 디자인, 조명 의상 등 모든 분야의 지식이 필요하다.

잠깐!) 어떻게 준비하나요?

대학의 관련 학과나 사설학원 등에서 방송, 영화, 연극 제작 등에 관한 전문적인 교육을 받는 것이 유리하다. 해외 유학 등을 통해 이론뿐 아니라 시나리오 작업에서부터 촬영, 편집 등에 대한 것을 전문적으로 공부하는 사람들의 진출도 많고, 대학에서부터 동아리 활동, 단편영화 제작 등 연출 경험을 미리 쌓는 사람도 많다. 조감독이나 보조연출자로 5~10년간 경험을 쌓아 감독이나 연출자가 되는 것이 일반적이다.

방송이나 영화, 연극 등은 혼자 만드는 것이 아니므로 감독 및 연출자는 많은 제작진(스태프)과 함께 작업할 수 있는 의사소통 능력과 대인관계 능력이 필요하며, 이들을 관리하고 통솔할 수 있는 리더십, 추진력 등이 요구된다. 사회, 문화, 예술, 시사 등 다양한 방면에 대한 이해와 소질이 있어야 하고, 특히 영상 예술에 대한 관심과 재능이 있는 사람이 적합하다. 새로운 작품을 창조할 수 있는 풍부한 상상력과 창의력도 함께 요구된다.

❸ 하우스매니저

공연장의 운영 및 관리를 총괄하고, 관련 종사원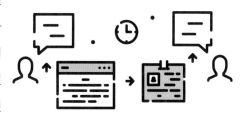
의 활동을 관리, 감독한다. 공연의 원활한 진행을
위해 스태프와 공연내용, 공연시간, 휴식시간 등에
대해서 논의한다. 공연 전 공연 관련 시설의 청결
이나 안전 상태를 점검한다. 관객의 질서유지, 편
의 제공, 공연장 내 분위기 조성, 부대시설 관리 등의 업무를 수행한다. 무전기를 사용하여 매표 상
황, 로비 상황, 장내 상황 등을 관계자들과 교신한다. 하우스 어서(공연안내원)의 업무배치와 근무일정
을 계획 수립하고 공연안내에 대해 교육한다.

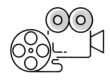

잠깐!) 어떻게 준비하나요?

전국에는 공공 및 민간기관을 포함해 약 1천여 개의 크고 작은 공연장이 있다.
공연장에서 관객들에게 총서비스를 제공하는 하우스매니저는 아직 공연장에서 필
수인원으로 채용하고 있지는 않아서 공연장의 수와 하우스매니저의 수가 비례하
지는 않는다.

현재 하우스매니저를 양성하는 전문 교육기관은 없으며, 대학의 공연관련학과,
경영학과, 서비스관련학과 등을 졸업하면 이 일을 하는데 유리할 수 있다. 최근에는
하우스매니저들이 중심이 되어 만든 하우스매니저그룹의 전문프로그램을 통해 관
련 교육을 받을 수 있다.

결원이 있을 때 수시로 채용이 이루어지며, 자원봉사나 인턴으로 활동하다가 발
탁되는 경우도 있다. 공연기획사에서 홍보나 기획업무를 통해 경력을 쌓은 다음 도
전하는 것도 한 방법이 될 수 있다. 사람을 상대하는 일인 만큼 호감을 줄 수 있는
인상과 외모, 친절함, 적극성 등이 면접의 당락을 좌우할 수 있다.

공연을 좋아하고, 성실함과 서비스 정신, 위급한 순간의 대처능력과 결단력, 인내
심 등을 고루 갖추고 있어야 한다. 아울러 공연들의 폭넓은 이해를 위해 많은 공연
을 관람하는 것도 도움이 될 수 있으며, 관객의 심리를 파악할 수 있는 능력을 갖추
고자 하는 노력을 게을리해서는 안 된다.

❹ 무대디자이너

연극, 영화 및 방송프로그램 제작을 위해 무대장치(세트)를 설계한다. 대본(시나리오)을 검토하여 작가 및 연출가의 제작 의도를 고려해 컴퓨터상에서 이미지 맵을 그린다. 방송프로듀서(방송연출가), 영화감독, 연극연출가 등과 협의하여 무대장치의 종류, 크기, 색상 등 세부사항을 결정하고 캐드 작업을 통해 도면을 작성한다. 인테리어디자이너 및 소품 담당과 함께 무대 장식에 대해 협의한다. 무대 조립원의 활동을 감독, 지시한다.

잠깐!) 어떻게 준비하나요?

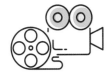

방송 프로그램이나 공연, 행사의 무대를 담당하는 무대 및 세트디자이너의 경우 공개채용을 통해 진출하며, 방송, 영화, 공연 등을 보며, 감각을 키워야 한다. 전문대학 및 대학교에서 일부 대학의 연극영화과 내의 디자인 및 기술 전공, 무대미술과, 무대디자인과 한국문화예술진흥원의 무대예술아카데미, 그 외에도 사설학원을 통하여 무대기술에 대한 이해와 극장 및 제작에 관한 기기, 기구, 재료와 함께 컴퓨터 그래픽에 이르기까지 폭넓은 지식을 쌓을 수 있다. 현장에서는 이론보다 실무 능력이 우선이기 때문에 인테리어 작업에 대한 경험을 많이 쌓는 것이 좋다. 또한, 스케치, 설계도면 작업, 모형과 같은 미술적인 재주가 요구된다.

여가문화를 중시하는 트렌드에 따라 연극, 영화 제작도 늘고 있어 일자리 전망이 밝은 편이지만 대폭적인 일자리 증가는 기대하기 어렵다. 소수의 인원이 이 분야를 담당하고 있으며, 공석이 발생해야 인력을 채용하고 있기 때문이다. 공연이나 작품의 특성을 무대장치에 잘 반영하는 능력을 키우고 전문분야 개척에 더욱 노력해야 한다. 방송국에서 일하는 무대 및 세트디자이너의 경우 근무환경이 좋은 편이어서 입직을 위해서는 치열한 경쟁을 치러야 한다.

프로그램, 공연의 특성을 파악한 후 연출가 등과 협의를 통해 음향과 관련된 제작 장비의 시스템을 구성한다. 음향시스템을 유지·관리하고, 제작 의도에 맞게 음향시스템을 최적으로 유지한다. 음향기술을 개발한다. 배우들의 음성, 노래, 악기 소리 등을 최적의 상태로 혼합하기 위해 오디오믹서(음성혼합기) 및 음향효과(이펙트) 장비를 조작한다. 음향기사의 업무를 지시 및 감독한다.

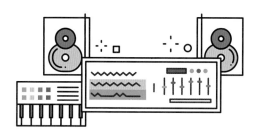

잠깐!) 어떻게 준비하나요?

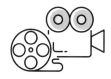

음향감독이 되기 위해서는 무엇보다 음악과 소리에 대한 감각이 있어야 한다. 영화 및 공연 장면에 필요한 효과음과 배경음악을 탁월한 감각으로 적절하게 삽입할 수 있어야 하기 때문이다. 이 감각을 키우기 위해서는 다양한 장르의 음악을 접하고, 다양한 악기 소리 및 사물 소리 등의 음향에 대해 연구해야 한다. 또한, 소리를 영상에 삽입하는 기술, 극장의 음향 시스템에 대한 기술적 지식 등을 습득하고, 이를 다룰 줄도 알아야 한다. 대학의 음향 관련 학과나, 사설학원, 방송아카데미에서 관련한 전문적인 교육을 받을 수 있다.

일반적으로 녹음 스튜디오에서는 인력이 필요할 때마다 부정기적으로 음향감독을 충원하는 편이며, 음향장비 시공업체 및 음향시스템을 빌려주는 회사에 근무한 경험이 있는 사람들이 음향감독으로 진출하기도 한다. 이외에도 공연장에 소속되어 음향 관련 일을 담당할 수도 있다.

❽ 조명감독

조명디자인을 계획하기 위해 연출가 등과 협의한다. 세트 규모, 인원, 카메라 위치, 분위기 등을 파악하여 조명의 연출방법, 시간, 조합 순서 등을 계획한다. 조도, 색온도, 조명 효과 등을 확인하고, 조명기구의 설치를 감독한다. 조명기술을 개발하고 조명 장비를 관리한다.

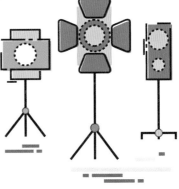

잠깐!) 어떻게 준비하나요?

HDTV가 보급되면서 고화질, 고음질 등 질 높은 방송콘텐츠를 제공하는 것이 업계 간 경쟁력을 확보하는 데 중요해지고 있다. 이에 따라 조명감독의 역할이 더욱 중요해지고 있어 향후 일자리 창출에 긍정적인 영향을 미칠 것으로 보인다. 이밖에 여가문화에 대한 국민의 수요가 증가하고 있어 영화, 연극, 뮤지컬, 오페라 등 공연 산업이 활성화되고 있는 것도 이들의 일자리 증가에 도움을 줄 것이다. 하지만 업체 간 경쟁이 심화되고 제작예산의 제약으로 일자리 증가에 한계가 있을 것으로 보이며 관련 장비 및 설비의 자동화, 디지털화, 발전 등으로 1인당 생산성이 높아지고 있는 점을 고려해야 한다.

조명감독은 기본적으로 영상물제작 전반에 대한 이해와 각종 장비를 다루는 기술이 있어야 하므로 전문적인 교육과 훈련이 요청된다. 따라서 전문대학 및 대학교의 전기, 전자, 통신 관련 학과, 또는 영상제작, 방송기술 관련 학과를 졸업하거나 사설학원에서 관련 교육을 받는 것이 필요하다. 전문대학을 중심으로 개설된 영상 및 방송기술 관련 학과에서는 촬영, 편집, 음향 등 방송 및 영상물 제작 전반에 대한 이론과 실기를 공부하며 실제 프로그램 제작 실습을 통해 실무를 익히도록 하고 있다. 과거에는 선배로부터 기술을 배우는 도제 시스템이 일반적이었으나 점차 국내외에서 촬영, 조명, 음향 등에 대한 체계적인 공부를 하고 현장실습 후 곧바로 실무에 투입되는 경우가 늘고 있다. 현장 조명 스태프부터 단계를 밟아 조명 감독이 되는 것이 일반적이다.

공연에서 주연, 조연 배우를 도와 작품을 이끌어나가는 굉장히 중요한 역할을 한다. 보통 드라마나 영화의 보조출연자들과 비슷하다고 볼 수 있다. 주연배우의 상황을 드러내거나 사건을 고조시키는 데 큰 역할을 하며 주연배우가 노래할 때 코러스를 넣는 역할을 하기도 한다. 또한, 군무를 추며 무대에 생동감을 주기도 한다. 대부분의 앙상블은 한 작품 내에서 여러 역할을 소화하며 작품을 완성하는데 일조한다.

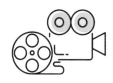

잠깐!) 어떻게 준비하나요?

예술극단이나 뮤지컬기획사에서 서류전형과 오디션(실기 테스트)을 거쳐 뮤지컬 배우를 뽑는 경우가 많다. 수차례에 걸쳐 춤과 노래, 연기실력을 평가하고 이 세 가지 능력을 잘 조화시킨 배우를 발탁한다. 대체로 적합한 배역을 추천받아 섭외되기도 하지만, 최고의 배우가 아닌 이상 오디션을 거쳐야 한다. 따라서 언제든지 오디션에 임할 수 있는 실력을 갖추기 위해 꾸준한 연습과 자기개발은 필수다.

대학에서 연극영화, 무용, 성악 등을 전공하거나 배우 양성 사설학원에서 뮤지컬 배우의 자질을 키워나가는 사례가 많다. 최근에는 뮤지컬 학과가 개설된 대학이 있으며, 교육과정에서 발성이나 호흡, 뮤지컬 음악을 배우고, 현대무용, 발레, 재즈댄스 등을 익히며, 연기실력을 학습한다.

❽ 공연 마케터

공연 초대나 프로모션 진행 시 공연장에 위치하며 관계유지 및 개선에 노력한다. 공연전문업체에서 공연에 대한 마케팅 전략을 짜고, 수출 등을 담당한다. 문화를 활용한 전략과 계획을 세우거나, 문화예술을 교육상품으로 만드는 일을 하기도 합니다. 연극, 영화, 음악 등 문화 전반에 대한 흥미는 물론 문화에 대한 지식과 시각이 필요하다.

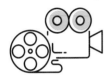

잠깐!) 어떻게 준비하나요?

주로 공채채용, 직업훈련기관의 알선 등으로 서류전형과 면접을 거쳐 채용한다. 채용기관에 따라 차이가 있지만 면접 때 문화전반에 대한 관심과 흥미 그리고 긍정적이고 능동적인 자세와 창의성 등을 중요하게 평가한다. 기업의 마케팅 부서에서 활동하다가 공연예술 단체나 문화마케팅 전문업체로 직장을 옮기는 경우도 있으며, 직접 창업을 하기도 한다. 업무 경험을 쌓고 능력을 인정받아 전문 프리랜서로 활동하는 경우도 있다.

대졸 정도의 학력이 요구되며, 공연업체에 근무하는 경우 방송·연예과, 연극관련 학과 출신을 선호하기도 한다. 대학 관련 학과로는 경영학, 경제학, 마케팅학, 광고홍보학 그리고 예술(경영)대학(원)의 예술경영학 등이 있다. 서울아트스쿨문화예술원의 문화마케팅 전문가과정, 한국문화콘텐츠진흥원의 문화콘텐츠 글로벌 리더 과정 등을 수강할 수도 있다. 또한 여성인력개발센터, 여성능력개발원, 한국콘텐츠진흥원 등에서 3개월 교육과정 이수 후 현장 경력을 쌓고 진출하거나 대학교 문화마케팅 스터디 동아리에서 진출하는 경우도 있다. 이와 같은 전공이나 교육 과정은 관련 지식을 쌓는 데는 도움이 되지만, 마케터가 되기 위해 필수로 요구되는 사항들은 아니다.

연극, 영화, 음악 등 문화전반에 대한 흥미는 물론이고 다양한 문화생활을 통해 문화에 대한 시각과 지식을 갖는 것이 필요하다. 직업 특성상 활발하고 외향적인 성격이 적합하며 원만한 대인관계능력과 의사소통 능력도 중요하다. 또 다양한 아이디어를 만들어낼 수 있는 창의력도 요구된다. 무엇보다 마케팅에 관한 전문적인 지식이 있어야 한다. 마케팅 능력을 키울 수 있는 이론적인 지식과 경험은 물론, 사회 전반적인 트렌드를 읽을 수 있는 분석력과 판단력을 갖추는 것이 필요하다. 어떤 직업보다 창의력과 풍부한 아이디어가 필요하고 사람들의 마음을 읽는 감수성이 필요한 직업이므로 본인의 적성을 잘 따져 보는 것이 좋다.

*참고 문헌 출처: 워크넷

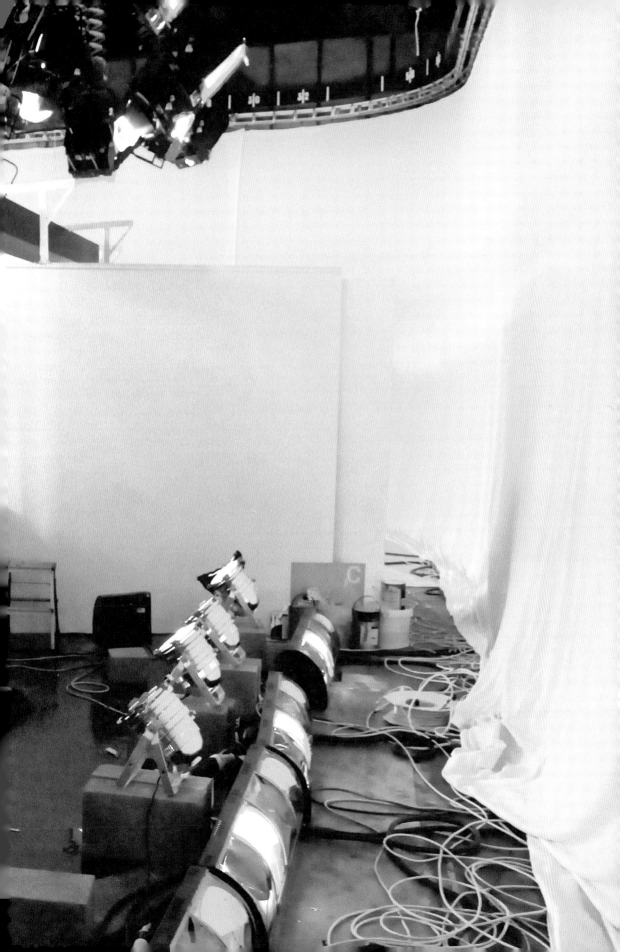

웨스트엔드와 브로드웨이

공연, 뮤지컬 하면 떠오르는 양대 산맥 웨스트엔드와 브로드웨이! 웨스트엔드와 브로드웨이가 무엇인지, 어떻게 다른지 함께 알아보자.

① 웨스트엔드(West End)

웨스트엔드는 역사와 전통을 자랑하는 영국의 런던 서쪽의 극장 밀집 지역으로, 50개의 뮤지컬 전용 극장이 있다. 4대 뮤지컬이라고 할 수 있는 〈캣츠〉, 〈레미제라블〉, 〈오페라의 유령〉, 〈미스 사이공〉 등이 이곳에서 탄생했다. 화려하고 감각적인 브로드웨이 뮤지컬과 비교하면, 웨스트엔드의 뮤지컬은 음악을 중시하고 문학적, 철학적 주제를 다룬 작품들이 많다.

② 브로드웨이(Broadway)

　브로드웨이는 미국의 맨해튼 남쪽 끝에서 북쪽 끝을 잇는 물리적인 길을 뜻하는 말이기도 하지만, 실제로는 미국의 연극, 뮤지컬 분야를 일컫는 말로 쓰인다. 웨스트 42번가에서 웨스트 53번가에 걸친 비스듬한 길에 40여 개의 극장이 자리하고 있다. 뮤지컬의 발원지는 영국이지만, 현대적인 뮤지컬을 발전시킨 곳은 브로드웨이라고 할 수 있으며, 웨스트엔드보다 상업적이고 규모가 큰 작품들이 많다. 브로드웨이 제작사와 예술가들은 매년 6월 미국연극협회와 브로드웨이 리그가 시상하는 브로드웨이에서 가장 권위가 높은 '토니상'의 후보가 된다.

재미로 알아보는 웨트스앤드와 브로드웨이의 차이점

– 쉬는 날

몇몇 쇼를 제외하고는 웨스트엔드는 일요일에 쉰다. 하지만 브로드웨이에서는 월요일에 쉬며, 공연을 하지 않음으로 극장이 어둡다는 표현으로 월요일을 dark day라고 부르기도 한다.

– 커튼

미국의 브로드웨이에서는 공연이 시작하기 전, 그리고 공연 중간중간 갖는 휴식시간인 인터미션(intermission)동안 무대 위 세팅을 위해 빨간 벨벳 커튼이 처진다. 우리가 흔히 극장과 함께 떠올리는 그 빨간 커튼이다. 영국의 웨스트엔드는 공연 전에 빨간 커튼을 볼 수 있지만, 인터미션 동안에는 종종 철을 사용해 만든 안전커튼(safety curtain)을 사용한다. 이것은 무대 위의 화재위험으로부터 관객을 철저하게 분리하기 위함이다.

– 단어

미국에서는 극장을 'theater', 영국에서는 스펠링 하나의 순서만 다른 'theatre'라고 한다. 이처럼 브로드웨이와 웨스트엔드에서 사용하는 용어가 조금씩 다른 것은 영국 영어와 미국 영어의 차이이다. 극장의 구조에서 오는 단어의 차이도 있다. 브로드웨이에서의 오케스트라(Orchestra)는 진짜 오케스트라가 있는 곳이 아닌 무대 바로 앞의 좌석을 말한다. 이 자리를 웨스트엔드에서는 스톨스(stalls)라고 말한다.

알아두면 좋은 공연 에티켓

공연은 순간성, 일회성 콘텐츠이기 때문에 그 장면을 놓쳐버린다면 다시 되돌릴 수 없다. 종종 매너 없는 행동으로 오랜 시간 공연을 준비한 스태프와 연주자, 배우들의 소중한 순간, 그리고 시간과 돈을 투자한 다른 관객의 추억이 망가지기도 한다. 성숙한 공연 관람을 위해, 공연장에서 지켜야할 에티켓은 무엇이 있는지 함께 알아보자.

① 공연 시작 전 입장하기

당연하지만, 잊기 쉬운 에티켓! 대부분의 공연장은 공연 30분 전 입장을 시작한다. 큰 규모의 공연일 경우에는 1시간 전에 오픈하기도 한다. 공연의 특성에 따라 중간 입장을 허용하기도 하지만 시작 시각과 맞닥뜨려 입장한다면 좌석을 찾다가 다른 관객들에게 피해를 줄 수 있으니, 최소한 공연 시작 10분 전에 입장하도록 하자.

② 사진 촬영 금지

티켓 뒷면 안내나 사전 공지가 있는 경우를 제외하고, 기본적으로 공연장 내 촬영은 금지이다. 촬영 소리와 플래시 등이 다른 관객에게 피해를 줄 수 있다는 이유도 있지만, 공연도 하나의 작품이기 때문에 저작권의 침해, 초상권의 침해가 우려되기 때문이다. 또한, SNS에 업로드되는 사진으로 인해 아직 공연을 관람하지 않은 관객들에게는 스포일러가 될 수 있어서 촬영은 자제해야 한다. (앵콜이나, 커튼콜 때에는 예외적으로 촬영을 허가하기도 한다.)

③ 연령 제한

어린이 공연을 제외한 대부분 공연장에서 미취학 아동의 공연장 입장을 금지하고 있다. 공연장 안은 계단이 많고 어두워서 어린이의 경우 안전사고 위험이 아주 높기 때문이다. (어린이 공연의 경우 더 많은 스태프를 배치하거나, 공연장 객석에 조명을 비교적 밝게 설정한다.) 또, 러닝타임이 긴 공연 특성상 아이들의 집중력이 그 공연시간을 견디기 힘들기 때문에 다른 관객들에게 피해를 줄 수 있기 때문이다. 따라서, 티켓을 예매하기 전 공연 관람 가능 연령을 꼭 점검하도록 하자.

④ 인터미션

공연시간이 긴 오페라나 뮤지컬 같은 경우 화장실을 가거나 급하게 볼 일이 있는 경우 어떻게 해야 할지 걱정이 되기도 한다. 공연 시간이 긴 경우, 1막과 2막 사이에 15~20분 인터미션(공연 중간에 갖는 휴식시간)이 있으니 걱정하지 않아도 된다. 이때 재입장을 위한 티켓 소지는 필수! 인터미션 시작 시 안내 방송으로 인터미션의 시간이 공지되니 잘 듣고 미리미리 입장하자.

⑤ 휴대폰 잠시 꺼두기

외부의 빛을 차단하기 위해 공연장 안에는 창문이 없다. 따라서 아주 작은 빛이라도 생각보다 더 많은 사람의 시선을 빼앗을 수 있다는 사실! 휴대폰 진동이나 벨이 울리지 않더라도, 잠깐 비치는 화면으로도 다른 사람의 공연 관람을 방해할 수 있다. 휴대폰은 잠시 꺼두기로 하자.

⑥ 대화 금지

공연장은 음향을 증폭시키도록 설계된다. 따라서 작은 대화도 주위 관객뿐만 아니라 연주자, 배우에게까지 영향을 주기도 한다. 감명 깊은 순간에 하고 싶은 이야기가 있더라도, 공연이 끝날 때까지 대화는 잠깐 참기로 하자.

⑦ 박수

대중가요 콘서트는 한 곡이 끝날 때 박수를 치면 되는데, 생소한 클래식이나 발레 공연은 언제 박수를 쳐야 할지 애매하다. 클래식 공연은 모든 악장이 끝난 후 주로 박수를 치는데, 이때 악장이 언제 끝나는지 팸플릿을 참고하는 것이 가장 좋다. 그래도 잘 모르겠다면 연주자가 인사를 할 때 박수를 치는 것이 가장 좋다! 발레공연은 어려운 기술이나 기교를 마친 후 중간중간 박수를 치기도 한다.

또, 공연이 끝나고 공연자들에게 박수와 함께 환

호를 외치기도 한다. 이때 콘서트 공연에서는 주로 '앙코르(encore)!', 클래식 공연에서는 남자 연주자일 경우 '브라보(Bravo)!', 여성 연주자일 경우 '브라바(Brava)!', 남녀 혼성이나 듀엣 이상일 경우 '브라비(Baravi)!' 를 외칠 수 있다. 아름다운 기억을 선물한 공연자와 스태프에게 박수와 환호로 화답해 주는 건 어떨까?

왠지 어려울 것만 같은 공연장 에티켓!

생각해보면 정말 쉽고 당연한 것들이다. 사소한 배려로 모두가 행복한 공연 관람이 되었으면 한다.

무대감독을 꿈꾸는 학생들에게 추천하는 책

[Book]

무대감독

김윤식 / 연극과인간

무대감독 분야 종사자와 공연제작자, 연출 및 안무가, 각 분야 디자이너, 기술 스태프에게 공연예술의 협력적 특성을 알려주고, 효율적인 업무 분담을 통해 공연의 완성도를 높이는 데 도움을 주는 지침서이다. 국내의 무대감독 업무 현실과 미국 상업극에서의 무대감독 업무를 중심으로 구성하였다.

클래스가 다른 공연기획

전성환 / 예영 커뮤니케이션

20여 년 동안 공연기획 현장과 대학 강단을 드나든 공연연출가의 노하우를 담은 책이다. 전공과 관련한 실무 이야기와 업무 스킬, 매뉴얼에 대한 노하우뿐만 아니라, 저자가 공연기획에서 가장 중요한 답이라고 생각하는 공연을 대하는 태도, 방향, 자세에 대한 이야기가 함께 담겨있다. 현장 경험의 노하우를 얻고 싶다면 이 책을 펼쳐보자.

극장 사람들 - 우리는 극장에서 무슨 일을 하나

브로드웨이에서 무대감독, 배우, 연출, 조명 등의 극장 업무 경력을 두루 갖춘 보 메츨러의 극장 이야기를 담았다. 30여 년의 실무 경험을 바탕으로 구체적, 실제적인 알찬 정보를 담은 실용서이다. 총 2부로 구성되어 있으며, 1부에서는 제작자, 연출가, 극작가, 무대감독, 디자이너, 공연 스태프 등 극장 사람들의 분야별 역할과 사명을 다루고, 2부에서는 브로드웨이의 극장의 다양한 형태와 공연 제작 과정, 그리고 극장 사람이 되려면 어떤 길을 거쳐야 하는지 등에 관해 알려준다.

보 메츨러 / 늘봄 출판사

THE STAFF: 극장상식의 이해, 무대예술인을 위한 실용서

〈THE STAFF〉는 무대감독이 극장예술 전문가를 꿈꾸는 사람들에게 필요한 기본적인 지식을 정리한 책이다. '상식'은 '기본'이다. 한 분야의 진문가라면 깊이 있는 이헤외 지식이 필요하다. 이 책은 극장예술에 관심이 있거나 본격적으로 입문을 준비하는 사람을 위해 필요한 상식을 정리했다. 현장에서 필요한 지식과 서류 양식까지 친절하게 수록하여 불필요한 혼란과 시간 낭비를 줄여준다.

석현수 / 북마크

월간 더무브

공연예술 월간 전문서적

알려지지 않은 미적 가치를 찾아 세상과 소통하고자 하는 월간 더무브 THE MOVE는 공연예술과 더불어 세상의 다양한 예술 장르 음악, 미술, 무용, 그리고 문화와 관련된 뉴스를 전하고 인물을 소개하며 예술의 사회적 역할에 이바지하고자 한다. 특히 전통문화와 우리 것에 대한 정체성을 부각하고 한국적인 미를 재발견하는 법고창신의 이념에 뜻을 두고 있다. 문화와 예술로 세상을 움직이고 변화시키는 일에 지향점을 두고 노력하고 있다. (출처: 월간 더무브)

월간 객석

공연예술 월간 전문서적

1984년 3월 시작된 월간 객석은 음악, 레코드, 연극, 뮤지컬, 무용 등 다양한 예술 장르를 소개한다. 전 세계 통신원들의 생생한 현지 취재, 최고 필진의 권위 있는 평론, 빠르고 정확한 기사, 세련되고 감각적인 레이아웃을 제공한다. (출처: 월간 객석)

무대감독을 꿈꾸는 학생들에게
추천하는 영화

[Movie]

김종욱 찾기

감독: 장유정
출연: 공유, 임수정

지나치게 강한 책임감과 융통성 제로에 가까운 업무 능력 덕에 회사에서 잘린 기준(공유)은 아직 첫사랑을 잊지 못한 사람들을 위해 첫사랑을 찾아주는 일을 시작한다. 뮤지컬 무대 감독으로 일에만 매달려 온 지우(임수정)는 결혼을 재촉하는 아버지에 못 이겨 '첫사랑 찾기 사무소'를 찾는다. 지우가 알고 있는 첫사랑에 대한 정보는 '김종욱'이라는 이름뿐이다. 첫 의뢰를 성공시키기 위해 기준은 김종욱 찾기에 나서고, 지우에게 전국에 넘쳐나는 김종욱들을 찾는 여정을 함께하자고 제안한다.

하이스쿨 뮤지컬 : 졸업반

감독: 케니 오테가
출연: 잭 에프론, 바네사 허진스 등

신나는 음악과 화려한 댄스가 어우러진 멋진 뮤지컬을 선보이며 모두의 선망이 대상이 된 이스트 고교 드라마 클럽. 교내 최고의 완소남 트로이, 사랑스러운 천재 소녀 가브리엘라, 핑크 공주 샤페이는 친구들과 함께 졸업에 맞춰 지난 3년간의 학교생활을 멋진 뮤지컬로 선보이기로 한다. '졸업' 뮤지컬을 준비하는 과정에서 커플 트로이와 가브리엘라는 진로 문제로 위기를 맞는다. 모두가 합심하여 준비한 뮤지컬은 성공할 수 있을까?

드림걸즈

감독: 빌 콘돈
출연: 제이미 폭스, 비욘세, 에디 머피

여성 트리오 디나(비욘세 놀즈), 에피(제니퍼 허드슨), 로렐(애니카 노니 로즈)은 재능과 열정을 가졌지만, 오디션에 번번이 실패한다. 그러던 중 그들은 야심에 찬 매니저 커티스와 만나게 되고, 최고의 인기가수의 백보컬로 투입된다. 꿈을 향해 다가가는 이들에게, 커티스는 음악 스타일뿐만 아니라 리더까지 팀을 제멋대로 바꾸려고 계획한다. 위기를 맞은 더 드림즈는 계속 노래할 수 있을까?

오페라의 유령

감독: 조엘 슈마허
출연: 제라드 버틀러, 에미로섬, 페트릭 윌슨

1870년 파리 오페라하우스, 가면 뒤에 흉측한 외모를 가리고 파리 오페라하우스의 지하에 숨어 사는 팬 텀. 천상의 목소리를 가진 그는 아름다운 코러스 단원 크리스틴을 마음에 품고 오페라하우스 매니저들을 협박해 그녀를 최고의 프리마돈나로 만든다. 팬텀의 접근에 겁에 질린 크리스틴은 다정한 라울 백작에게 위로를 받지만 이를 눈치 챈 팬텀은 급기야 크리스틴을 납치한다. 사라진 프리마돈나는 어떻게 되었을까?

생생 인터뷰 후기

5년 전, 10년 전의 나에게 필요했던 어른들을 찾아다녔다. 좋은 어른, 좋은 멘토가 한 사람의 인생을 얼마나 바꿀 수 있는지 누구보다 잘 알기에 더 좋은 사람을 찾고, 더 잘 만들고 싶었다.

'공연을 만들고 싶다.'

대학 시절 오랫동안 마음에 품었던 그 꿈을 버리지 못하고, 그즈음 읽은 공연 관련 책의 저자를 무작정 찾아간 적이 있다. 바로 캠퍼스 멘토의 안광배 대표이다. 그리고 물었다. "어떻게 하면 할 수 있죠?" 이 책의 질문과 꼭 같았다. 이 만남을 통해 나는 막연하기만 했던 길을 걸어보고, 직접 부딪치며 내게 맞는 것과 맞지 않는 것을 알아가며 구체적으로 방향을 잡을 수 있었다. 시작이 간절했던 나에게 그때의 시간은 지금도 계속 누군가에게 자랑하고 싶고, 다시 꺼내보이고 싶은 용기다. 오늘도 나의 멘토가 손을 잡아주었던 그 시간 위에 경험을 하나씩 쌓으며 나를 만들어간다. 이 책도 간절한 누군가의 손을 잡아주고 용기를 주는 책이 되었으면 좋겠다.

인터뷰를 진행하는 동안 감사한 순간들이 많았다. 그중 가장 감사한 순간은 왠지 차가워만 보였던 분들이 대화하면서 어느 순간 눈빛이 변하고 마음을 열어, 하나라도 더 이야기해 주려고 하실 때였다. 자신의 이야기를 하다 보면, 어쩔 수 없이 지난 삶을 돌아보게 된다. 본인의 간절했던 시절이 떠올라 그때의 자신에게 해주고 싶었던 말을 지금 우리에게 전하고자 하신 게 아닐까? 무대감독님들은 한 번도 만나보지 않은 다음 세대 후배를 위해 몇십 년 동안 달려온 길 위의 이야기를 주저하지 않고 흔쾌히 내어주셨다.

많은 사람들의 도움으로 이 책을 만들면서 참 많이 배우고 발전했다. 갓 '성인'이라는 이름표를 달고, 여전히 세상 물정 모르는 '나'이지만 확신할 수 있는 것도 생겼다. 겸손하고 순수하게 손을 내민다면, 기꺼이 도와줄 좋은 어른들이 우리와 함께 살고 있다는 것. 이 사실이 앞으로의 나의 삶에, 그리고 꿈을 꾸며 이 책을 읽는 학생들에게 도움이 되었으면 좋겠다.

지금 이 순간에도 화려한 무대를 위해 무대 뒤 가장 어두운 곳에서 공연을 만들고 계실, 빛나는 다섯 분의 무대감독님들께 다시 한번 감사를 전하고 싶다.

고맙습니다. 그리고 응원합니다.